現象学の新たな展開

哲　学　会　編

哲学雑誌　第137巻　第810号

２０２３

哲　学　会

目　次

《現象学の新たな展開》

《シンポジウム報告》

《ワークショップ報告》

《公募論文》

会　規

1. 本会は定期的行事として，毎年一回カント・アーベントおよび研究発表大会を開くほか，随時，研究会誌として，「哲学雑誌」を刊行する。
2. 本会へは会員一名の紹介をもって入会することができる。

以下略

哲　学　会

現象学的考察の可能性
——省みることがもたらすもの——

吉田　聡

序

現象学的考察の新たな可能性を示す試みには様々なものがある。その中には、現象学的考察を現代の心の哲学や認知科学と関連づけようとする試みや、「現象学の自然化」[1]の試みなどが含まれる。例えばザハヴィは、後述するようにフッサールの自己意識論を心の哲学における議論と対置した上で、前者が持つ意義を提示しようとする。また、ヴァレラの「神経現象学」では、現象学による経験の直接的な一人称的記述と神経科学的な分析を結びつけることが提唱される。[2]そこでは現象学的な説明は認知科学による説明と相互に制限し合いながら生きられた経験の構造の解明に貢献するものと見なされる。こうした現象学と他の領域の成果を融合する試みによって新たな視点が提示されてきたが、その一方で、それらの試みの前提としての、自己意識や心身問題に関する現象学的考察の内部にも再検討を要する諸問題が残されている。それらについて考察することは、現象学が開示してきた事象の明確化のためにも、また今後の現象学的考察のさらなる進展のためにも有益であると考えられる。

そこで本稿では、フッサール現象学のうちに残されたそれらの諸問題について考察する。フッサールが提示した現象学的考察の方法は意識体験への反省に基づくものであったが、フッサールの後期の思索の中には、その方法の範囲を超え出るように見えるものが含まれている。ここではそれらが示す諸問題について考察し、フッサール現象学のテキストのうちに見出されうる新たな考察の可能性を提示することを試みる。

以下では、主に後期フッサールの諸見解に関連する三つの問題を取り上げる。まず第一節では、近年しばしば議論の対象となってきた先反省的自己意識の問題について考察する。先反省的自己意識は反省の可能性を支えるものとして提示されるが、その意味で反省によって把握されうるものの内部に留まらない要素を含んでいる。次に第二節では、人間の主観性とは異なる主観性に関するフッサールの議論の意義について考察する。それはやはり通常の意味での現象学的な反省によっては把握不可能と思われるものについての議論を含んでいる。最後に第三節では、現象学的な体験の記述と他の領域の経験科学の知見を関係づける際の前提に関わる問題として、「心身問題」に関する現象学的考察の内実について検討する。これらの議論により、現象学の内部から、通常の意味で現象学的考察として理解されるものを超え出る視点を提示することを試みる。

第一節　先反省的自己意識について

一―一　反省と先反省的自己意識

フッサール現象学の主要な課題は、知覚、想起、予期、想像といった意識体験の構造について考察することであった。それらの意識体験を反省的に把握することを可能にする条件として考えられるのが先反省的自己意識である。近年の現象学研究の中で、フッサールの先反省的自己意識に関する議論は、心の哲学における「高階説」と対比されてきた。そして、それは表面的には高階説と類似しているが、実際には高階説の持つ難点を回避しうるものであると主張されてきた(3)。その内実を明らかにするために、まずは現象学的考察の方法を簡潔に振り返っておく。

例えば、私たちは道を歩いているときに様々な事物を目にする。また、建設中の建物を見て完成後の姿を想像したり、昨日の出来事を想起したり、これからの予定について考えたりすることもある。日常では私たちの関心はそうした事物や出来事へと向けられている。その関心を諸対象についての知覚、想像、想起、予期などの体験へと向け直すための方法のことを、フッサールは『純粋現象学と現象学的哲学のための諸構想　第一巻』（以下『イデーンⅠ』）で「現象学的還元」と呼んでいる。その内実は次のようなものである。

　私たちが日常生活の中でとっている「自然的態度（natürliche Einstellung）」では、意識体験は人間の主観に帰属するものとして捉えられ、「自然的現実（natürliche Wirklichkeit）」（III/1, 67）の中の出来事として理解される。だが、意識体験の実相を理解するためにはこの自然的態度を変更する必要がある（cf. III/1, 61-69）。この態度変更が意味するのは、意識体験と他の事物が並存して実在するという見方を停止し、あらゆる事物は私が持つ体験を通して現出するという見方を一貫してとるということである。こうして、私が持つ意識体験を、それを通して様々な対象が現出するものとして捉えた上で、その意識体験に共通する構造を把握（「本質直観」）するということが、『イデーンⅠ』で提示された考察方法であった。

　以上のように、現象学的考察の根本にあるのは意識体験への反省である。フッサールは、この反省の構造について考察を繰り返した。そして、それは現象学的方法としての反省の構造と妥当性についての考察であるに留まらず、結果的に、一般的な意味での自己意識についての考察という側面を持つに至ったのである。

　この反省を可能にする条件としての先反省的自己意識が要請されるのはなぜか。例えば、樹を見るという体験は、樹についての体験であって、その体験そのものを知覚する体験ではない。それでは、樹を知覚する際には私はその体験そのものを一切意識していないと考えるべきなのか。ここで二つの問題が浮上する。第一に、樹を見るという体験への反省が遂行されうるためには、その反省を動機づけ、可能にするものが必要なのではないか。第二に、反省によって体験を私の体験として把握しうるためには、その反省そのものが私の体験であることが反省に先立って意識されていなければならないのではないか。[4] このうち特に後者が近年の現象学研究の中で注目されてきたが、これらの問題に答えるために先反省的自己意識の存立が要請される。

フッサールの見解では、先反省的自己意識は意識体験を主題的に対象化する反省とは異なる形態の自己意識である。ザハヴィはこの点にフッサールの見解の優位性を見出している。高階説では、ある心的状態が意識的であるということは、それが高階の心的状態による知覚や思考によって表象されることで成り立つと考えられる。[5] だが、フッサールの見解によれば、そうした高階の意識を想定することは後述するような無限後退を引き起こすことになる。[6]

だが、先反省的自己意識が私の体験への反省を可能にするということをどのように理解すべきなのかは必ずしも明確ではない。それは結局、反省よりも弱い形で体験についての情報を与える意識なのか。以下では、その内実についてフッサールの議論を再構成しつつ考察する。

一―二　先反省的自己意識に関する考察が示すこと

先反省的自己意識をめぐるフッサールの考察の出発点にあるのは、『論理学研究』で提示された「知覚される」ことと「体験される」こととの区別である (cf. XIX/1, 358)。公園の樹を知覚する体験を持つとき、樹が「知覚される」のに対して、その知覚そのものは「体験される」。このことは、事物は知覚体験の中で現出するが、「諸現出それ自体は現出せず、体験される」(XIX/1, 360) とも言い換えられる。この「体験される」ということが、フッサールの初期時間論の中では「内的意識 (inneres Bewußtsein)」(X, 126) として捉えられる。この内的意識が反省を促し、体験を把握することを可能にしているとフッサールは考える。だが、もしも私が樹を見るときに同時にその体験そのものについて内的意識で何かを知るのだとすると、そこでは実際には樹を見ることと、その知覚体験について知ることという二重の体験が生じることになる。そして、後者の知覚体験について知ることもやはり一つの体験であるとしたら、さらにそれに対する内的意識が要請されることになる。このように、内的意識が何かを知る体験の一種だとしたら、内的意識の無限後退が生じてしまう。

この無限後退は、単に反省的な自己把握をどこまでも繰り返すこととは異なる。時間の経過の中で自己把握を繰り返すことのうちには特に問題はなく、それは（遂行しようと思えば）現実に遂行することも可能であろう。それに対してここで問題視されているのは、体験に内的意識が伴うだけでなく、その内的意識についての内的意識が（またさらにそれについての内的意識が…と無際限に続くことになるが）同時に生じていなければならないことになってしまうという事態である。

フッサールは様々な議論の中でこの問題を回避しようとした。無限後退を回避するためには、先反省的自己意識（内的意識）は、対象化して何かを知る意識とは別種のものでなければならない。フッサールが後期の思索の中で最終的に提示したのは、「自己触発（Selbstaffektion）」（cf. Mat VIII, 190-193, 364-365）という概念である。意識体験とその主体としての自我は、常に自己自身を触発している。自我は、体験に対して関心を持った場合には、この触発に応じて反省を遂行する。[7]

以上のように、初期の「体験される」ことに関する見解から後期の「自己触発」論への過程では、単に先反省的自己意識を表す用語が変転しただけではない。そこでは先反省的自己意識と反省的な意識との区別の徹底が試みられている。しかしこの見解に従うと、先反省的意識によって体験が私の体験として意識される、という先述の見方についてはどのように考えるべきなのか。そうした見方は、結局、先反省的意識を、体験が私の体験であるという情報を何らかの仕方で知る意識と見なすことになり、無限後退を回避するために必要な先反省的意識と反省的な意識との区別を曖昧にしてしまうのではないか。フッサールの見解に基づくと、先反省的自己意識を反省を促す条件として想定することはできても、体験を私の体験として意識させる条件と見なすことに関しては再考が必要である。

ここで、体験がもつ「私の」という性質が先反省的自己意識によって与えられるという見方は妥当なのかを再検討する必要がある。そもそも「反省は体験を私の体験として把握する」という見解はどのように成立するのか。体験への反省を遂行する場面で、私は私有物と非私有物の中から前者を選び出すようなことをしているわけではない。むしろ、反省によって把握されるものは端的にすべて前者と見なされるのであって、そうした判別を行う必要も余地もない。反省された内容が私以外の誰かの体験と見なされる可能性は、そもそも排除されている。

それでは、いかにして反省によって把握される内容は私の体験として把握されるのか。このような把握は、先反省的自己意識とそれに動機づけられて遂行される反省の内部で成立するものではなく、むしろ他者の体験の存立を理解するという過程を経て成立するものだと考えることができる。他者の体験とは、他者が反省を遂行することによって把握しうるような、その他者自身の体験である。そのような他者の理解の成立過程を明示できるわけではないとしても、そうした他者の理解が前提となって、反省によって捉えられる体験を他者のそれとは区別された私の体験として捉えるような見方が成立する。それにもかかわらず、現状では、反省によって直接的に私の体験が把握されるのは当然であるように見える。この点についてフッサールの「習性（Habitualität）」（I, 100-101）という概念を援用して考えるならば、この自我と他者の体験流を区別する見方が、何らかの過去の体験の成果として「習性」となって沈殿することによって成立しているのが、現状の反省観であると考えられる。

私が省みる体験は私の体験であるということは単純な事実であるように見える。しかしフッサールの諸考察からは、むしろそうした見方は他の主観性としての他者の存立を理解するという過程を経てはじめて成立するという見解を引き出すことができる。そしてこの成立過程についての考察を進展させ、先反省的自己意識や自己触発と呼ばれる自我にとって最も近いと考えられるものへの経路がどのようなものなのかをさらに詳細に明らかにする可能性をここに見出すことができる。

第二節　様々な様態の主観性と本質直観

二―一　様々な様態の主観性についての考察

フッサールは、後期の草稿の中で、自らが提示した現象学的方法の枠に収まらないように見える考察を残している。例えば、後期の『C草稿』や『現象学の限界問題』に含まれる一九三〇年代のテキストでは、「幼児」と「大人」(cf. Mat VIII, 74-75, 241-243)、「動物(Tier)」と「人間」(cf. XLII, 66-69; Mat VIII, 171-177, 208-215; XV, 174-185)、「伝統」や「諸民族」の連関の形成(cf. Mat VIII, 370-371)、「故郷の人間性(Heim-Menschenheit)」と「馴染みのない人間性(Fremd-Menschenheit)」(cf. XV, 214-218; Mat VIII, 372-373)といった主題が取り上げられる。これらの箇所では様々な様態の主観性や、共同体における主観性がどのようなものとして理解されうるかということが考察されている。だが、それらは体験への反省による通常の現象学的考察の範囲を超え出ているように見える。特にそれが際立つのは人間以外の動物の主観性に関する議論である。そこで、この議論が現象学的方法に対して持つ意味について考察する。

　議論の出発点に置かれているのは、私たちが日常的に漠然と理解している人間以外の動物たちのあり方であり、そこから動物たちがどのような体験を持っていると見なされうるのかが考察される。例えば、様々な動物が同じ場所を狩場にしたり、渡り鳥が古巣に戻ってきたりするといった動物たちの振る舞いからは、ある種の動物たちがそれらの場所を自らにとって同一の対象として保持していることが洞察される。この点で動物は人間と同様に、世界の中の事物の「再認(Wiedererkennen)」と「同一化(Identifikation)」を遂行しうると考えられる(cf. Mat VIII, 211-212)。再認と同一化の可能性を保持することは、多様な意識体験の変転の中で持続的に存立する同一の対象を成り立たせ、ひいてはそれらから成る世界をも成り立たせる。だが反面で、動物と人間は、例えば真理への関わり方という点では異なっていると考えられる。多くの動物たちは、人間とは異なり真理を問題として行動することはない(ように見える)——このようにフッサールは動物と人間の共通点と相違点について様々な見解を提示する[8](cf. XLII, 66-68; Mat VIII, 211-212)。

　しかし、こうした動物への言及はいかなる意味を持ちうるのか。私たちが反省によって把握できるのは人間がどのような体験を持っているかということだけであって、それ以外の動物たちの体験を把握することはできない。上述のことは動物たちの振る舞いに基づいて理解されているにすぎない。だが、同じ疑問は人間一般の体験にも向けられうる。私たちが反省によって直接的に把握できるのは自己が持つ体験のみである。そうすると、自我と他者に共通するような、人間の主観性の本質を把握することはそもそもできないということになるのではないか。ここで浮上するのは、意識体験の本質を明らかにするという現象学的考察の目的そのものに関わる問題である。

だが、そもそも私にとって他者の意識体験はどのような意味を持つものなのか。日常の中で私は他者たちを把握しており、他者たちと間主観的に同一の世界を持っているということを理解している。そして他者がある種の振る舞いを示すとき、私たちはそこに自己と同種の体験が生起していることを見てとってしまう。こうした他者の把握を、フッサールは「他者経験（Fremderfahrung）」、「感情移入（Einfühlung）」と呼ぶ（cf. I, 124）。私たちはこうした他者の見方をこれまでの経験の進展の中で（その具体的な過程は未解明であるにしても）身につけてしまっている。他者が天井の電球へ目を向けているのであれば、その他者は電球を見るという体験を持っている。もちろんそうした他者の体験の把握には誤りの可能性があるが、他者の新たな振る舞いによってその誤りが明らかにならない限りはそれが維持されていく――このことがフッサールの他者論で示された事柄であった（cf. I, 144）。

こうした把握の様式は、動物の場合でも基本的には同様である。例えば、猫が庭で舞っている蝶の方向に顔を向けているのであれば、その猫は蝶を見ていると考えられる。また、日中いつも決まった場所に来て座っているならば、その場所を同じ場所として把握し、また何らかの要因でその場所が気に入っているのだと考えられるだろう。この把握の様式という点に関しては、動物一般と人間一般の体験の本質は、私にとって同程度に近く、また遠いものであるということができる。

以上のことを前提とすれば、動物と人間の対比に関するフッサールの議論がやはり現象学的考察の一環としてなされているということを理解することができる。さらに他の特定の様態における主観性――例えば、「幼児」と「大人」、「故郷の人間性」と「馴染みのない人間性」など――に関しても、それらの意識体験がどのようなものと

して現れるかを明らかにし、自己自身の主観性が持つ特質と対比することで、理解を深めることが可能である。(9)

二―二　本質直観という方法について

さらにフッサールの議論は、私たちが漠然と「標準的」だと思っている人間の主観性と、他の様態における主観性の境界は確定していないということをも示しているように思われる。このことには、そもそも様々な個別的事象の間の共通性(現象学的考察における「本質」)として把握されるものが私たちにとってどのようなあり方をしているのかということが関連している。

例えば、一旦上述のような仕方で動物たちと人間たちの主観性の本質が把握されたとしても、それはあくまでその時点の考察者にとっての本質にすぎず、新たな体験を通して修正・変更される可能性をもつ。個々の事物についての把握内容が新たな体験によって変更される可能性がどこまでも残り続けるのと同様、本質についての把握内容も常に生成の過程のうちにある。

フッサールは、本質の把握のためには想像が重要な役割を果たすと主張する。例えば、時計の本質を把握する際には、いくつかの時計を実際に眺めてみるだけでなく、それらの形態を想像の中で変更しながら比較することによって、実際に目にしたよりも広い範囲の形態の時計に共通する事柄を取り出すことができる。だが想像は具体的な個別事例の数を増やすために用いられるだけではない。私たちは自分が様々な時計に共通していると思っている事柄を自分でも明確には理解していない。時計の本質は、想像による変更の範囲を限界づけつつ、その変更の過程の中で留まるものとして徐々に姿を現していく。

このように現象学における本質直観は、私たちが漠然と曖昧にしか把握していない自分にとっての事物の本質を開示する作業として理解することができる。その際の想像による変更が可能な範囲は、想像の主体が持つ知識や能力によって変動する。さらに、この作業によって得られた見解を言語的な交流を介して他者が持っている見解と交換し、それによって自らの本質についての見解を修正したり、発展させたりすることも可能である。この間主観的な過程を通じて、ある事物の本質が私たちにとって持つ意味内容は個々の対象の意味内容の場合と同様に詳細に規定されていくが、その過程が終わることはない。本質直観は常に理念としての完成態に向かう開かれた過程のうちにある。

以上のように、フッサール現象学で提示される本質直観の方法は、私たちが様々な事象についてそれまで信じていた事柄を捉え直すという動的な過程を明示するものである。フッサールが提示する動物たちのあり方に関する見解も、その中の一過程にすぎないと言うことができるだろう(10)。またこのことを考慮に入れると、動物たちに関する現象学的考察のさらなる意義が明らかになる。人間以外の動物たちや、自己とは異なる様態・立場における他者たちの振る舞いに基づいてそれぞれの主観性の存立様態の本質を理解する試みは、体験や主観性に関する想像変更の範囲を拡大する。それは自己自身の体験や主観性の本質に関する理解を進展させることになる。ここでは、自己の内部で省みることによって体験の本質を把握するのとは異なった仕方で、その外部から体験の本質について考察するという新たな方法の手掛かりが提示されているのである。

第三節　現象学的考察と心身問題　――「世界に対する主観」と人間

三―一　フッサール現象学における心身問題

これまで述べてきたように、現象学では、あらゆる事象を私の体験の中で現れるものとして捉える。こうした見方をとるときに、デカルト以来の古典的な問題であると同時に、現代の心の哲学の中心的な問題でもある心身問題は、どのような問題として捉えられるのか。現象学的考察は意識体験に関わるものであるにもかかわらず、心身問題が現象学的にどのように理解されうるのかということは必ずしも明確ではない。そこで最後にこの問題について考察する。

心身問題は、精神と（物体的なものとしての）身体という異質な二つの事象がいかに関係し合うのかという疑問から生じてくると考えられる。それに対して現象学的考察では、様々な物体的事象は意識体験の中で現出するものとして捉え直される。そして、私にとっては、物体的事象は相対的な存在であるのに対して、意識体験は絶対的なものとして存立すると考えられる。[11] そこでは意識体験と物体的事象は私にとって平等に並存したり因果関係のもとに置かれたりするようなものではない。そのため、フッサールは『イデーンⅠ』で、たとえ「世界の無化」（III/1, 103-106）の想定をしたとしても意識体験の流れそのものは残り続けるという見解を示し、また「身体を欠いた意識」（III/1, 119）というものも考えられると主張した。こうした見方のもとでは心身問題は主題的には論じられない。

それに対して『イデーンⅡ』では意識体験と世界との連関の諸相がより詳細に分析される。そこでは「精神（Geist）」と「自然（Natur）」はどのように関係し合うのか、前者は後者にどの程度まで依存しているのかといった事柄が問われる。まずここでは「心（Seele）」と「精神（Geist）」の区別が導入され、「心」は「自然」の中の「身体（Leib）」に局在化されるのに対して、「精神」は「志向性の主観」であるという見方が提示される。

さらに自然の因果関係と精神の「動機づけ（Motivation）」（IV, 220）が区別される。そして、動機づけは行為の理由と帰結の間の法則性であり、自然の因果関係とは異質なものとされる（cf. IV, 230）。例えば、〈駅まで走る〉という行為の理由は〈電車の時刻に間に合いそうにないと考えた〉ことなどであり、〈買い物を控える〉ことの理由は〈自分の所持金が足りないことを知っている〉ことなどであろう。そこで自然の中の事物や脳の状態を原因として示しても、行為の理由の説明にはならないと考えられる。この行為の説明に関する見解は妥当であろう。だが、それは精神と自然が無関係に存立しているということを意味するわけではない。日常の中では、精神としての自我が身体を介して自然の中の事物に影響を与えることも、またその逆のことも起こっていると考えられる（cf. IV, 282）。それでは、精神と自然という異質な法則性を持つ二つの事象はどのように相互に関係しているのか、精神は自然に依存しているのか、依存しているとすればどの程度依存しているのか——こうした問題が浮上する。[12]

これに対して、フッサールは精神と自然という二つの極の間を「心」と「身体」が媒介していると考え、この「心」と「身体」それぞれに二つの側面を認める（cf. IV, 284-285）。すなわち「身体」は〈様々な事物からなる自然と関係する実在〉と〈精神と関係する実在〉という二側面を、また「心」は〈身体に制約されるもの〉と〈精神に制約されるもの〉という二側面を持つ。そして、「身体」は精神の態度決定に従いつつ自然の事物に影響を与える。また「心」は事物からの刺激によって生じる感覚を通じて精神に影響を与える。このように考えると、精神は「心」を通じて感覚の影響を受ける点において自然に依存しているが、反面で自然の因果性から独立した動機づけに従って態度決定しているということになるだろう。

だが、この見解は問題の解決になっているだろうか。「身体」と「心」それぞれの二側面の区別の根拠や、「心」と「身体」、「心」と自然の事物との異質性についてはどのように考えられるのか。また「精神」の動機づけによる態度決定は例えば脳などの機能に依存していないと主張する際の根拠は何か。これらが説明を要する諸問題として残るだろう。

三―二　「人間的主観性のパラドクス」の再解釈

上記のような問題は、精神と自然が異質なものと見なされることによって成立する。だがこの見解は不徹底であり、その異質さがどのようなものなのかが明らかにされる必要がある。その手掛かりとなるのが、フッサールが後期の『ヨーロッパ諸学の危機と超越論的現象学』（以下『危機』）で提示した「人間的主観性のパラドクス」（VI, 182; cf. VI, 265-266）である。それは次のような問題である。まず、様々な体験およびそれらを持つ主体としての私は、現象学的考察の中では「世界に対する主観（Subjekt für die Welt）」（VI, 184）として理解される。この意味では、私は世界全体に対する主観である。しかし、その私は世界の中で生きている一人の人間でもある。そうすると、私は世界全体に対する主観であると同時に世界の内部の客観でもあることになるが、この事態をどのように理解すべきか。この問題に対してフッサールは、世界に対する主観（超越論的主観性）と人間との区別を明確化し、後者は前者の「自己客観化」（VI, 190）であるという見解を示した。

この問題は、「精神」－「心」－「身体」－「自然」の連関に関する心身問題が、フッサール現象学の観点から純化されたものとして理解することができる。世界に対する主観と、世界の内部の客観としての人間——すなわち、周囲の事物との様々な関係の中に位置づけられうるものとして捉えられた客観としての人間——との関係こそが、現象学的な観点から見た心身問題の根底にあると考えられる。そうだとすると、精神と自然の異質さとは、主観であることと客観であることの異質さだということになる。

この純化の過程には、例えば、フッサールが繰り返し行った超越論的主観性の「死」に関する考察も関連していると考えられる。一方では、経験の主体である超越論的主観性そのものの「死」を経験することは不可能であり、それについて思考するのは不可能であると考えられる（cf. Mat VIII, 96-97）。だが他方では、身体の衰えに伴って主観にとっての世界が縮小していくという実感も否定することはできない（cf. Mat VIII, 154-156）。この考察では、超越論的主観性と身体を持つ人間との連関に向き合わざるをえなくなる。

ここで重要なのは、目下の「パラドクス」と呼ばれる問題を成立させるものは何かということである。それは二つの相反する見方の対立であると考えられる。すなわち、ここでは一方で、人間としての自我を含むあらゆる事象を、自我にとって現出する対象と見なす「現象学的態度」と同様の見方がとられている。この見方を一貫して維持するならば、「パラドクス」は問題とはならないはずである。だが他方では、自我を周囲の様々な物体的事象と相互に影響関係にあるものとして捉えるという「自然的態度」に基づく見方がとられている。この場合には自我と周囲の事象が相互に影響し合っていることが前提となっているので、やはり「パラドクス」の問題は浮上しない。それにもかかわらず「パラドクス」が問題となるのは、それらの現象学的態度と自然的態度という二つの態度が並存することによってである。

しかし、本来はこれらの二つの態度を同時に保持することは不可能なはずである。それが可能であるかのように見えるのはなぜか。それは、現象学的態度と自然的態度の態度変更が、対象としての事物の見方の変更と類比的に捉えられてしまうからだと考えられる。すなわちそれは、一つの立体が角度を変えると様々な形に見えるのと同様に、自我という一つの主体が超越論的主観性と人間という二つの側面を持つと捉えられてしまうということである。

以上のことを考慮に入れると、フッサールが提示した人間としての自我を超越論的主観性の自己客観化と見なす見解によっては、この「パラドクス」の問題は解消できない。まず、この「パラドクス」が二つの相反する見方の並存によって成立しているということを開示しなければならない。その上で、自己客観化という事態の内実を検討する必要がある。フッサールが述べるように、超越論的主観性が自己を客観化したものが人間としての自我（人間に帰属するものとして捉えられた心や身体を持つ自我）なのだとすると、自我は自己自身のことを主観性としては把握しえず人間としてしか把握しえないことになるのではないかという疑問が浮上する。そうだとすると、一方で自己自身のことを超越論的主観性として捉えた上で、それと人間としての自我との連関を問題視することは不可能となり、そもそもこの「パラドクス」の意味が理解できないはずである。

目下の「パラドクス」の意味が理解可能であるという前提のもとで考えると、自我は自己のことを超越論的主観性として対象化しうると同時に、世界の中の人間としても対象化しうるのでなければならない。だが、超越論的主観性が超越論的主観性それ自身を対象化して把握するということ自体が大きな問題を含んでおり、それがどのような構造を持っているかということが明らかにされねばならない。その上で、「パラドクス」や「死」をめぐる問題として浮上する、超越論的主観性と人間としての自我との間にあるように見える密接な連関の内実を、上述の二つの態度の並存という事態を考慮に入れた上で開示しなければ、問題を解消することはできないであろう。

以上では、「人間的主観性のパラドクス」は、現象学的な「心身問題」を純化させたものとして理解可能であるという見方を提示した。この問題を適切に理解し、解消するためには、まずこの「パラドクス」を成立させるものは相反する二つの見方の並存であることを明らかにした上で、超越論的主観性による自己客観化が含む上述のような諸問題を再検討することが必要である。それによって、超越論的主観性と人間としての自我との連関の内実を解明することが可能になると考えられる。

結論

以上の考察によって、フッサール現象学の内部に見出される、さらなる検討を要すると思われる諸問題を開示し、それらについて考察した。現象学の成果を他の学問領域の知見と融合し、新たな考察の地平を開くのは有益な試みだが、その確実な進展のためにも、フッサール現象学の内部に残された諸問題の内実を明らかにしていくことは重要である。本稿では、フッサールが展開した自己意識論、様々な様態の主観性に関する議論、そして精神・心・身体・自然の連関に関する現象学的な心身問題に関する議論が含む諸問題について考察し、現象学的考察の内部から新たな視点を発掘して提示することを試みた。さらにこうした作業をフッサール現象学の他の諸側面に関しても遂行しつつ、そこで得られた知見を活用して現象学的考察を進展させていくことが今後の課題である。

註

フッサール全集（Husserliana）からの引用箇所は、巻数をローマ数字、ページ数をアラビア数字で示した。フッサール全集資料篇（Husserliana Materialien）からの引用箇所は、Matという略号の後に、巻数をローマ数字、ページ数をアラビア数字で示した。

（1）Cf. Petitot, J., Varela, F. J., Pachoud, B., Roy, J-M., (eds.), *Naturalizing Phenomenology: Issues in contemporary phenomenology and cognitive science.*, Stanford University Press, 1999.

（2）Cf. Varela, F. J., "Neurophenomenology: a methodological remedy for the hard problem", in: *Journal of Consciousness Studies* 3, 1996.（フランシスコ・J・ヴァレラ「神経現象学——意識のハード・プロブレムに対する方法論的救済策」、河村次郎

訳、『現代思想』二〇〇一年十月号、青土社、二〇〇一年）

（3）Cf. Gallagher, S., Zahavi, D., *The Phenomenological Mind*, Routledge, 2008, 2012, pp. 58-59.（ショーン・ギャラガー、ダン・ザハヴィ『現象学的な心　心の哲学と認知科学入門』、石原・宮原・池田・朴訳、勁草書房、二〇一一年）

（4）ザハヴィらは、シューメーカーの議論を参照しつつ、体験へと向かう内観を遂行するのは私であり、またひいては体験を持っているのは私であるという意識が自己同定のためには必要であると主張する。Cf. Zahavi, D., *Self-Awareness and Alterity: A Phenomenological Investigation.*, Northwestern University Press, 1999, pp.6-7.; Gallagher, S., Zahavi, D., *The Phenomenological Mind*, Routledge, 2008, 2012, p. 64.; Shoemaker, S., "Self-reference and self-awareness.", *Journal of Philosophy* 65, 1968.

（5）高階説の論者であるローゼンタールは、心的状態はそもそも内在的に意識的であるという特性を持つと考えることは意識に関する有意義な説明に結びつかないと主張し、心的状態と心的状態の間の関係によってそれを説明しようとする。Cf. Rosenthal, D. M., "Higher-order thoughts and the appendage theory of consciousness.", *Philosophical Psychology* 6, 1993.）なおザハヴィは、ローゼンタールによる見解に対しては、「二階の思考Bが、一階の心的状態Aに向けられているのはなぜか」「二階の思考Bに一階の心的状態Aを意識させるものは何か」という問題が浮上すると指摘する。Cf. Zahavi, D., *Self-Awareness and Alterity: A Phenomenological Investigation.*, Northwestern University Press, 1999, pp.20-21.

（6）なお、高階の自己意識の中には反省のように明示的で概念的でありながら先反省的自己意識のように非主題的で直接的なものも認められうるという論点については、下記の議論を参照。Cf. 金杉武司「自己知・合理性・コミットメント――英語圏の心の哲学における自己知論の現在――」、『現象学年報 二七』、日本現象学会編、二〇一一年

（7）一九三三年の草稿では自我による自己の「感触(berühren)」(A V 5/5a)について言及されている。この記述は自己触発と同様の事態を逆の方向から捉えたものであると考えられる。Cf. 榊原哲也「生き生きした現在への反省――認識論と存在論との狭間で――」、『哲学雑誌』第一一四巻第七八六号、有斐閣、一九九九年、pp.102-106.

（8）動物と人間の相違は、真理に関わりうるか否かという点に加えて、「目的（Zweck）」を設定しうるか否かという点にも見出される。また、これらの諸見解と『デカルト的省察』での見解との相違については、以下の拙論で考察した。Cf. 吉田聡「他者経験と人間的世界の連関」、『現象学年報 37』、日本現象学会編、二〇二一年

（9）例えばフッサールは、自分にとって馴染みの深い共同体と、自分にとって異他的な民族に属する人々に対する「感情移入」の諸様式を区別することによって、それぞれがどのような仕方で私に対して現れるのかを規定する可能性を示唆している（cf. Mat VIII, 372-373）。

（10）ここでは、各自の反省を通して把握される意識体験の本質についての見解を他者との間で共有することは可能なのかという問題が浮上しうる。これについてフッサールは、自己について反省的に把握した事柄は、人間としての自我に付加され、さらには他の人間たちにも移し入れられるという見解を示す（cf. Mat VIII, 240）。ここで示唆されているのは、自己の体験の把握においては、自我と他者の体験が同型の構造を持つという理解が前提されているということである。

（11）『イデーンI』第四十四節では、事物は諸側面を持ち、知覚において「射映」を通して常に「一面的」にのみ与えられるのに対して、体験はそうした諸側面を持たず、射映を通して与えられるものではなく、絶対的に与えられるという見解が示される（cf. III/1, 91-94）。

（12）フッサールは意識体験の構成要素の一つである感覚に関して、「感覚与件は、諸々の感覚器官や神経系などが「客観的な現実性において」存在する場合にのみ現れる」（IV, 289）と述べ、感覚が身体に依存しているという見解を示す。それに対してフッサールが問題視するのは、何かを対象として把握することや、「信じること」「意欲すること」などといった「態度決定（Stellungnahme）」も身体に依存していると言えるかということである（cf. IV, 290）。

現象学的倫理学と事実・価値の融合の問題
――マードックからハイデガーへ――

池田　喬

はじめに

「現象学的倫理学」とはどういうものか。現象学の概念や方法を用いて倫理学のテーマを論じることを現象学的倫理学と呼ぶのなら、まずは、M・シェーラーを筆頭に、E・フッサールその人、さらにE・レヴィナスの著作をそこに数え入れることができるだろう。あるいは、責任や自由のような倫理に関連する概念に、現象学の道具立てを用いてアプローチしたということなら、M・メルロ＝ポンティもJ－P・サルトルも、さらに両者に概念的資源を与えたM・ハイデガーを含めてもよいだろう。あるいは、彼らほどには有名でない現象学者や、現象学者を自称してはいなくても現象学に深刻な影響を受けて倫理学的なトピックに取り組んだ人を加えれば、リストはもっと長くなる。E・シュタイン、S・ボーヴォワール、H・アーレント。広い意味でのこの現象学的倫理学については日本でも英語でも論集が出版されている[1]。さらにこれらの哲学者の仕事の中には、「フェミニスト現象学」という、現象学的な政治思想を広範囲に生み出すきっかけにもなったものもある[2]。

私も、一〇年以上に渡って現象学的倫理学をテーマにした論集の編纂やワークショップなどの開催に取り組んできた[3]。そして、その約一〇年、ずっと同じ疑念を向けられてきたことに気がついた。現象学的倫理学は、第一に、経験の単なる記述である。第二に、倫理学である以上、単なる記述ではなく規範を示し、世界のあるべき姿や適切な行為について判断を下さなければならないにもかかわらず、現象学的倫理学にはそれができない。したがって、現象学的倫理学は倫理学を自称しているが、真正の倫理学ではない――このような疑念である。例えば、品川哲彦は次のように述べている。

（現象学的な）記述とその記述されたことがらについての道徳的ないし倫理的な是非についての判断は、記述そのものとは別にあるはずです（品川 2017, 36）。

ある事態が現象学的に「……である」と記述されたとして、しかし、それについて「……であるべきだ」と是認する当為や、あるいは「……であるべきではない」と現状の改革を求める当為はどこからくるのか〔…〕（品川 2017, 40）。

以下では、現象学的倫理学に対するこうした批判に対し、この批判が前提している事実と価値（記述と規範）の二元論を問い直し、むしろ両者の融合を倫理学の主題とするプロジェクトに現象学的倫理学を位置付ける。そのために、まず第一章では、I・マードックの議論を例にとり、事実と価値は融合するという見解を現象学外部の倫理学史から提示する。彼女は、事実と価値の融合を倫理学の主題とするためには、道徳的概念を、道徳判断に含まれる価値や当為だけでなく、「人生についての全体的ヴィジョン」に関する言語へと拡張する必要性を訴え、そのための言語的資源を部分的に現象学の伝統に求めた。彼女がなかでも共感を覚えていたのはM・ハイデガーだが、彼女のハイデガー論は未完に終わっている。そこで本論の第二章では、彼女に代わって、『存在と時間』における

「世界内存在」の現象学を、特に「状況」の概念に着目しつつ、事実と価値が融合する道徳経験の分析として再構成する。以上によって、事実と価値が融合する道徳経験に関して、現象学の議論の枠組と現象学以外の現代倫理学の重なりの一部が明らかになり、結果として、「現象学的倫理学」の倫理学上の位置付けが示されるはずである。

一　現代倫理学の自己批判

一―一　事実と価値の融合――マードックの場合

倫理学者は、「善い／悪い」のような価値や「べき／べきでない」という当為の表現を含む文によって一定の規範を提示し、世界のあるべき姿やなすべき行為についての道徳判断を下さなければならない――このような見方は、当然のことながら、西洋倫理学史の一部にしかあてはまらない。そのなかでも最もよくあてはまるのは、品川が念頭においている「応用倫理学」であろう。(4) 一九八〇年代に日本に輸入された応用倫理学は、倫理学者に、単なる文献解釈ではなく、現実に参与できる倫理学の可能性を期待させた。義務論や功利主義のような原理原則主義か、徳の倫理学、ケアの倫理学といった特殊主義かはさておき、これらの諸理論は各々が「倫理的な善悪を判断する基準でもあるなんらかの規範」(品川 2017, 35) を明示し、現状を是認したり改革を求めたりしてきた。ところが、品川の見方では、現象学的倫理学は規範を示すことができず、現状に対してコミットできない。

このような見方に関しては問うべきことがいくつかあるように思われる。上記の「特殊主義」を規範提示型の道徳理論と見なすことは妥当だろうか。また、現状へのコミットメントは規範を示すこと以外にもありうるという観点が抜けてはいないだろうか。これらの問題については後に言及することになるだろう。しかし、これらの問題の根にあるのは、何よりまず、「ある」と「べき」の区別であり、「ある」は単なる記述であり「べき」の提示が倫理学の真の仕事だ、という見方である。この見方は、現象学によって問われてきただけでなく、現代倫理学の別の局面においても問われてきた。(5) 以下ではこの点を、I・マードックが一九五六年に発表した論文「道徳性におけるヴィジョンと選択」を例に取って確認したい。
マードックは、当時のイギリス（特にオックスフォードの）哲学を覆っていた「今日の見方（current view）」を批判するこの論文の中で、「ある」と「べき」（事実と価値）の区別を取り上げている。

私たちが、今日の見方を、事実と価値の分離可能性についての最終的な真理と見なすのではなく、それ自体、あるタイプの道徳的態度を表しているものと見なすならば、私たちは、事実と価値を融合させることに哲学的な誤謬があるなどとは考えはしないだろう。私が提案してきたもう一つの見方において、事実と価値は実に無害な仕方で融合する。実際、状況の道徳的解釈という意味での「道徳的事実」があるということに異論はほとんどないであろう。状況の道徳的解釈においては、問題になっている道徳的概念が、状況がどうなっているかを決定するのであり、その概念が撤回されるならば、私たちは同じ状況、あるいは同じ事実のもとに取り残されるということはないのである（Murdoch 1956, 54）。

一方に、中立的に観察可能な事実があり、他方に、各行為者が下す道徳判断に現れるような価値がある（それゆえ、価値については普遍化可能性が問われる）――。このような見方は、現象学は単なる「ある」の記述であり、「べき」を判断してその普遍的な正当性を主張するという倫理学にとって肝心の活動をできないのではないか、という疑念にも明らかに含まれている。だが、いかにこの見方が常識化していようと、そのことは、この見方が事実と価値の分離可能性に関する「最終的な真理」を示しているとは限らない。むしろ、ここには今日支配的な「道徳的態度」が現れているに過ぎない。このようにマードックは半世紀前に指摘していた。
マードックによれば、「今日の見方」において「個人の道徳的生活は、一連の特定可能な状況において生じる、一連の明確な選択である」（Murdoch 1956, 34）。この選択が道徳的に重要な関連性をもつためには「道徳判断」

が伴っている必要があり、道徳判断は、「気まぐれや趣味的な選好とは異なり、自分と同じ立場に置かれた他の誰にとっても妥当すると行為者によって見なされた理由に支えられている」(ibid.)。こうした見方をマードックはしばしば「リベラルな」と呼んでいるが、この見方において、道徳判断を伴う選択は行為者の自由であり、つまりは、状況に依存したものであってはならない。逆にいうと、「状況」は「利害関心のない調査にとって入手可能な事実」(ibid.)という点で客観的に特定されるようなものと見なされている。「事実と価値の融合」はこうした道徳イメージへの侵犯であり、「哲学的誤謬」として退けられる。

だが、マードックとともに言えば、こうした道徳的態度から距離をとれば、事実と価値の融合を有害とする理由はないはずである。行為者が自らの置かれた「状況」を道徳的に解釈すること、その意味で「道徳的事実」と呼ぶべきものがあることはありふれた光景である。状況を——利害関心なしに調査するというのではなく——道徳的に解釈するとは、道徳的概念によってその状況がどのようなものであるかが決定されるということである。この場合、道徳的概念とは、「今日の見方」が想定するような「善い／悪い」や「べき／べきでない」には限られない。むしろ、それぞれの行為者の「人生についての全体的ヴィジョン」(Murdoch 1956, 39) に関わる概念が広く含まれる。

そのなかには、例えば、親切さや勇敢のような徳に関わる概念、教師や親のような他者との関係的責任に関わる概念も含まれよう。勇敢であることを自分の生き方の一部としている人には、今すぐ緊急の行動を起こすべき状況に見えるものが、勇敢であることを特に気にかけていない人には、少々例外的な状況に過ぎないものに見えるかもしれない。誰かの親である人にとっては、自分の子どもがいつになく無口でいる状況は気になって仕方がないかもしれないが、他の大人にとっては子どもにはよくある状況に見えるかもしれない。

もっとも、マードックは、善と当為を代表とする価値語の分析に明け暮れる〝言語哲学的〟倫理学に対して、「道徳哲学者の使命」は「詩人がそうするように、言語の限界を拡張すること」(Murdoch 1956, 49) だと考えていた。その彼女が「道徳的概念」と呼んでいるものは、先述のような自己理解に関する概念よりもさらに広い。しかし目下のところ重要なのは次のことである。つまり、道徳的な行為が問題になるような「状況」は、行為者にとっては、中立的観察によって客観的に特定可能な事実である以上に、それ自体、解釈を要するような曖昧さをもっているということだ。先の例においても、親は、学校で子どもに何か重大なことがあったのではないか、あるいは、単によくあることで心配し過ぎなのかと迷うであろう。勇敢な人も本当にリスクを冒して行動するに値するか状況なのかどうかを見極める必要があるだろう。

一―二　サルトルの事例と選択

道徳とは普遍化された道徳的判断ないし規範なのだという倫理学者たちの見方は、マードックによれば、「世界の曖昧さから私たちを守ろうとする試み」（Murdoch 1956, 50）である。この点を考えるために、マードックが生涯関心を持ち続けた現象学者の一人であるサルトルの事例について考えることは有益である。

一九四六年に出版された『実存主義とはヒューマニズムである』（邦題『実存主義とは何か』）においてサルトルが例示した有名なジレンマに、病床の母親のもとにとどまるか、レジスタンスに参加するかというものがある。「根源的選択」の一例とみなされるこの状況において、サルトルによれば、どちらの選択をするべきかの判定基準を与える一般的な道徳規範などない。

いかなる一般道徳も、何をなすべきかを教えることはできない。この世界に指標はない（Il n'y a pas de signe dans le monde）（Sartre 1996(1946), 46／五六頁）。

サルトルはここで、選択を、合理的理由を欠いた単なる気まぐれに委ねられたものとして扱っており、この点に実存主義の不合理性が示されている、といった解釈は珍しくない。なるほど、選択には道徳判断による正当化が伴うべきだという主流の見方に基づけば、そのような解釈を取りたくもなるだろう。しかしマードックがこの見方に欠けているとしているものを考慮すると、このジレンマは別様に解釈できる。

彼女はその欠如の一例として「〝内面生活〟」(Murdoch 1956, 36) を挙げている。道徳生活が、一連の明確な選択とその選択の結果としての一連の行為から成り立っているとみなされる限り、その選択を正当化する道徳判断以外の内面生活はほとんど関心の的にならない。他方、マードックの「道徳的概念」には、徳や社会的役割の様に公的に表現される自己理解に関わる概念だけでなく、内面生活に関わる様々な概念も含まれる。

状況が不透明な瞬間があるが、そこで必要なのは、事実を特定することを改めて試みることではなく、新たなヴィジョンを持つことである。このヴィジョンは、しつこいまでに不分明なものに対応することができ、別のタイプの「理解の様態」を示しているような「物語」あるいは、耐性のある何らかの概念から引き出されるものかもしれない。そのような概念は、もちろん、難解であったり洗練されていたりする必要はない。「希望」と「愛」はそうした概念の二つの名前である (Murdoch 1956, 51)。

サルトルの例において、病床の母親がいることと侵略に対する抵抗運動が起こっているという状況がジレンマの状況として生じているのは、第一に、サルトルとマードックがともに述べるところでは、世界には指標がなく曖昧だからであり、別言すれば、一般化された道徳規範は無力だからである。たしかに、サルトルは単に選択するしかないと決断主義的に述べているように見えるが、マードックの指摘を踏まえれば、ここで、状況がどのように知覚されているかは、母親への「愛」や抵抗への「希望」といった内面生活の背景抜きには考えられない。

この内面生活に対するサルトルの中心的な用語は「企投」である。状況において選択することは、自分の可能性を企投することである。母親のもとにとどまることを選択することは、愛、同情、個人的献身を主眼とする人生の可能性へと自らを企投することであり、レジスタンスに参加することを選択することは、抵抗への希望、政治的な参与を主眼とする人生の可能性へと自らを企投することだ[6]。ただし、これらの可能性への企投は、当該の状況の知覚以前にすでに生じており、その人の内面生活の一部を形成していたはずである。母親を愛すると同時に、抵抗に希望をもつような自分が自らの実存の可能性として企投されているからこそ、先の状況は選択を迫られるような重要性を持って知覚されただろうからである。

しかし、C・テイラー（Taylor 1985）が指摘したように、サルトルは選択があらゆる価値の創造に先立つという考えを抱いたがために、企投が個々の選択に先行して自己理解を形成するという側面の考察を困難にしてしまった[7]。テイラーとともに言えば、個々の選択に先行する道徳判断の形成という主流の見方を取らないとしても、何もないところから選択がなされるという極論に向かう必要はない。根源的選択の事例がジレンマの状況として知覚されるためには、その選択に先立つ道徳的な「地平」が存在しなければならないのであり、その地平には「何が決定的な重要性をもつのかについての大部分は分節化されていない感覚」（Taylor 1985, 38）が含まれる。母親を愛する自分と抵抗に希望を持つ自分はともに自分にとって重要な自分の側面であるが、しかしそのどちらが本当の自分かが確定しているほどには、生きた人間の自己理解は分節化されていない。だからこそ、状況をジレンマとして知覚できるのであり、そこでの選択は（たしかにサルトルの言うように）不定の自己の創造に関与しうるのである。常に不確定で暫定的でありながら重要な行為選択の理由となり、その行為選択によってより明確な分節化を得るような、自己の感覚は、後で見るハイデガーの「自己理解」に近いものである[8]。

二　現象学的倫理学の仕事

二―一　「経験」記述を厚くする必要性

マードックはしばしばE・アンスコムやP・フットとともに「女性哲学者の黄金期」を生きた人物とされる。世界大戦中、R・M・ヘアやJ・L・オースティンなどの男性哲学者が従軍している間に、彼女たちは女性哲学者のコミュニティを作っていたとされる。当時のことを振り返って、M・ミジリーはこう述べている。

問題はもちろん男性自体ではない。何が間違いであるかと言えば、議論で勝つために競争するように、賢い若い男性たちに勧めることから生じる、哲学することの特定のスタイルである。これらの人々は、単純な反論から一連のゲームを直ちに作り出し、それらのゲームを、最終的には、彼らが何をやっているのか、他の誰もわからなくなるまで、入念に仕上げるのだ。〔…〕明確だったのは、私たちはみな、互いにこきおろすことよりも、このあまりにも複雑な世界を理解することの方にずっと興味を持っていた、ということだ(Midgley 2013)。

彼女たちはしばしば「徳の倫理学」の復興に貢献したとされる。品川は、徳の倫理学を単なる「ある」の記述にとどまらない「べき」を提示する規範倫理学の一部として、現象学的倫理学と対置した。しかし、このような理解は少なくともマードックにとっては驚きだろう。「ある」と「べき」が融合する道徳生活に目を向けることのできない見方から倫理学を解放し、道徳的概念を、世界の曖昧さに耐えうる人生の全体的ヴィジョンを語りうるものへと拡張することが倫理学に必要だと考えていたのだから(9)。

マードックにおいて、その人生の全体的ヴィジョンが示されるのは、「話したり沈黙したりする仕方、言葉の選び方、他人に対する評価、自分自身の人生についての考え方、何を魅力的とか賞賛に値するとか考えるのか、何を可笑しいと考えるのか」(Murdoch 1956, 39) などである。彼女が求めるようなヴィジョンの倫理学をするにあたって参照されるべきなのは、「過去の哲学」であり「大陸哲学者たち」(Murdoch 1956, 58) であるが、後者に現象学が含まれることはたしかである。この論文の三年前に出版されたマードックの最初の単著は『サルトル──ロマン的合理主義者―』であるが、その序文において、M・メルロ＝ポンティ『知覚の現象学』冒頭から次の言葉が引用されている。

フッサールやハイデガーを読んだ際、〈私たちの同時代人の多くは新しい哲学に出会ったと感じたというよりも、自分たちが待望していた何かをそこに認めたと感じたのである〉。待望していたものをそこに認めたというこの同じ感覚は、多くの人々にとって、サルトルを読むことにも明らかに伴っている（Murdoch 1980 (1953), 7／十一頁）[10]。

二一世紀に入ってから、T・チャペルは、二〇世紀の「現代徳倫理学」を振り返った上で、その「将来の研究計画表（アジェンダ）として掲げうるのは、日常生活の現象学である」（Chappell 2013, p.168／二五八－九）と述べたが、このアジェンダはすでに「現代徳倫理学」の最初期にマードックらが掲げたものであるように感じられる。人生の見方に関わる内的生活、美的なものを含んだ価値判断、表現としての身振りなどを哲学的に考察することは、道徳経験の厚みをもった記述を求めることだと言えよう。実際、フッサールが「生」と呼び、ハイデガーやメルロ＝ポンティが「世界内存在」や「実存」と呼ぶものは、これらの経験の担い手と言いうるのであり、マードックが人の「人生の全体的ヴィジョン」と呼ぶものを一面的に切り取るような偏狭な概念ではない。

以下では、マードックが最も共感した現象学者だった可能性のあるハイデガーに注目しよう。彼女は、『存在と時間』の英訳に「ハイデガーが言っていることの多くを自分自身の用語に置き換えることができる」と書き込み（Purton 2007, 99; 吉川 2022, 195）、晩年には、著作『ハイデガー』の刊行を試み、二二四ページに及ぶ校正刷まで出来ていたが、出版を断念した（Purton 2007, 209; 吉川 2022, 197）[11]。もっとも、ここでは、その未刊行著作の可能な再現を試みるのではなく、「ある」と「べき」の無害な融合についての厚みのある記述をどう与えるのかという当初の課題へのハイデガーの寄与を明確化することに注力する。マードックは、人生のヴィジョンに関わる道徳的概念が曖昧な状況がどのようなものであるかを決定するとしていた。自己理解に状況知覚が依存する仕方こそ、ハイデガーの「世界内存在」の分析の最も鋭い考察の的であり、道徳経験の厚い記述という要求に応えるものと思われる。

二―二　ハイデガー（1）――自己理解と状況知覚

『存在と時間』においてハイデガーは、私たち現存在の存在の基本的な体制を「世界内存在」と呼んでいる。世界内存在は、自己と世界がともに開示される仕組みである。

〈これのために（Worumwillen）〉と有意義性（Bedeutsamkeit）とが現存在において開示されているということは、現存在が、世界内存在として、自分自身が問題であるような存在者である（Dasein ist Seiendes, dem es als In-der-Welt-sein um es selbst geht.）ことを意味する(SZ, 143)。

〈これのために（Worumwillen）〉という表現は、um...willen（…のために）というかたちの前置詞に由来する。〈これのために〉は、um...willen の空所に入るものを指しており、つまりは、私たちがそれのために存在している何かのことである。私たちは何かのために存在しているという場合のその「何か」には、人生のヴィジョンに関わる様々な可能性が含まれうる。「現存在は、世界内存在として、自分自身が問題であるような存在者である」という場合の「…が問題である（es geht um...）」というあり方は、これまで見てきたような徳や関係的責任をはじめ、自分は何のために存在しているのかを問う際に重要な関連性をもつ様々な事柄を含みうる。

さて、先の引用文のポイントは、世界内存在として自分自身の存在が問題であるような私たちの在り方は、このような〈これのために〉「と」有意義性がともに開示させるということだった。有意義性は、世界の「世界性」と言われ（SZ, 145）、世界が開示される仕方を表す概念である。道具的存在者が「何のために」あるのかという存在理由の全体的な関連づけは、有意義性が読み取られる典型事例である。〈ハンマーは釘を打つために、釘は木材を接合するために、木材は屋根を支えるために、屋根は雨風を防ぐために〉などと、世界の内部の存在者たちはその存在理由の連関において相互に関連づけられ、一定の相貌で現出する。しかし、このように有意義性において世界が開示されるのは、当の行為者の〈これのために〉が、それらの存在者の存在理由の主眼にある場合、つまり、前者が後者に理由を与えうる場合に限る、というのがハイデガーの考えである。

この第一次的な〈何のために〉は〈これのために〉である。その〈ために〉はしかし常に現存在の存在に、つまり、自らが存在することにおいて本質上この存在自体が問題であるような現存在の存在に関わる（SZ, 84）。

世界内部の存在者たちの先述のような存在理由の連関は、それだけで完結することはできない。存在者たちがそのように存在しているとして、それは何のためかが問われるならば、現存在の存在、つまり、当の行為者がそのために存在している何かに言及せざるを得ない。例えば、家が住むための道具であるのは、現存在がそれに住むためであり、現存在がどのように暮らそうとしているのかの理解抜きには成り立たない。どのように暮らすかについての理解には、その現存在が何のために存在しているのかという問いに関連する様々なこと、例えば、親であることが含まれるかもしれないし、ライフスタイルについての美的意識とか、地域生活やコミュニティについての一定の構想などが含まれるかもしれない。ともかく、ハイデガーの論点は、有意義性としての世界の開示は、当の行為者の自己理解、何らかの可能性から自己の行為や状況を理解することに依存しており、この自己理解が欠けていたら世界は同じようには開示されない、ということである。

ハイデガーは、自己理解に依存したこの状況の知覚を「配視（Umsicht）」と呼んでいる。配視は、事物の形や色の知覚ではなく、存在者の間の「〜のために」の連関——という感性的には見えないネットワーク——を全体的に見抜く働きである。このハイデガーの枠組みは、『存在と時間』で「状況」の概念がどう使われているかを確認するならば、サルトルの事例をより丁寧に解釈することを可能にするだろう。

二—三　ハイデガー（2）——状況と偶然

『存在と時間』において、「状況」の概念は、世人と決意性の区別に即して導入されている。

世人には状況は、本質上、閉鎖されている。世人は「一般的情勢」しか識別しない〔…〕（SZ, 300）。

存在することにおいて「自分自身が問題である」というのは実存の最大の特徴であるが、私たちはたいていこの問いを自分で引き受けることはしていない。〈これのために〉を問うことなく、「ひとは…と言っている」という場合の「ひと」に自らの可能性を委ねている。親であるということも、その子の親であるという自らに固有な可能性を問うよりも、親であるとはどういうことかの一般的説明を参照して理解する。このような自己理解に依存して開示される世界は「一般的情勢」と呼ばれるものであり、マードックの言葉で言えば、生き方のヴィジョンから切り離して特定可能な「事実」と呼ばれるもので構成されているものだと言えよう[12]。

これに対して、「状況は、決意性によってのみ、また決意性のうちでのみ存在する」（SZ, 300）。このことはより具体的には、良心の呼び声が「状況へと呼び進める」（SZ, 300）こととして説明される。良心の呼び声においては、世人としての自己が呼びかけられるが、呼びかけているのも自己である。通常他人に呼びかける時には、名前、社会的役割（例えば、「先生」「運転手さん」など）、活動の内容（「手を挙げているそこの方」など）が言及されるのと同様に、世人自己とは、公共的情報で理解された自己である。しかし、呼びかける自己は、世人自己とは対照的に「無規定性」と「規定不可能性」(SZ, 275) の性格をもつとされる。自分が誰かということについて、馴染みの答えを与えることを拒むわけである。「呼びかける者は、自らの名前や身分や素性や威信などを問われても答えない」(SZ, 274) のであり、「良心の呼び声は、自らの最も固有な自己でありうることに向かうように、現存在に呼びかけるという性格をもつ」(SZ, 269)。

最も固有な自己とは、公共的な事実の確認とは違う仕方で問われている自己である。例えば、一般に親であるとはどういうことかではなく、その子の親であることが、しかも単なる登録上の事実としてではなく、この自分がどうありうるかという点が問われているだろう。そのように自己が問題になる場合、世界は「一般的情勢」ではなく、まさに特定の行為を自ら行うことが迫られるような「状況」として開示される。ハイデガーによれば、その場合、私たちは世界を、事実の集積ではなく、「偶然」(SZ, 300) に満ちたものとして見ている。

決意性にのみ、私たちが偶然と呼んでいるものが、共同世界や環境世界から降りかかってくることができる (SZ, 300)。

サルトルの描く状況がジレンマを形成している場合、その状況は、特定の行為を選択しなくてはならない状況として当人に特有な仕方で知覚されている。その場合、状況は、自分に降りかかってきたものとして、そこに自分が投げ込まれたという偶然性の相貌で見られる。「一般的情勢」として見られている場合、その情勢は、事実を用いて「説明」されるだろう。しかし、行為が迫られた「状況」として世界が現れた時、その世界はむしろマードックが曖昧さと呼び、サルトルが指標のなさと述べた性格を示す。

偶然性が強調されたからといって、選択が合理的な道徳判断による裏付けなしに恣意に委ねられてしまったと嘆く必要はない。むしろポイントは、選択が問われている時に世界がどういう相貌で現れているかであり、一般道徳は存在しないとしても選択を支える「地平」が何もなくなるわけでもなく、私たちには人生の全体的ヴィジョンがある。求められているのは、そのような地平やヴィジョンもまたそれ自体、不確定で状況のなかで問われるという経験の事実を認め、その経験を記述できる言語を獲得することなのである。

結びに代えて――変化への介入

本論では、マードックからハイデガーへと進んで、事実と価値の融合を倫理学の主題とするプロジェクトに現象学的倫理学を位置付けた。その中で現象学的倫理学とそれ以外の現代倫理学の共通点をいくつか確認することになった。この点に関しては、では「現象学的」と呼ばなくてもよいのではないかという反応があるかもしれないが、本論の限られた紙幅では、ハイデガーの議論を（少しサルトルと関連づけただけで）それ以外の現象学者の仕事に結びつける余裕がなかった、というだけのことであり、現象学的倫理学と呼びうる領域が存在しないかのように疑う必要はない。むしろ、私がもっと重要だと思うのは、道徳性や倫理の観点から見たとき、現象学は品川が描いているような孤立的存在ではなく、他の潮流とも様々に繋がりうる一つのアプローチだということだ。このことは、現象学的倫理学が健全な一つの倫理学的アプローチであることを示しているに過ぎない(13)。

事実と価値が融合する道徳経験の厚みある記述が倫理学の一部なのだとしても、それは、世界の現状を肯定したり否認したりという世界への介入はできないのではないか、という疑念がなお残りそうである。最後にこの点について一言述べたい。マードックはサルトルについて「彼の全ての著作の原動力は自分の読者の生活を変えたいという彼の真剣な願いである」（Murdoch 1980 (1953), p. 8／一二頁）と述べている。たしかに、一般的な道徳規範を提示するのとは異なる仕方で、現象学的倫理学は世界への介入に関与している可能性がある。

例えば、ボーヴォワールの『第二の性』は、内在と超越のような現象学の用語と企投や状況のような実存主義的概念を駆使した現象学的倫理学の一つの実践と見なしうる。この本は、女であるという自己理解のもとで現れる「状況」を詳細に記述し、女であることの可能性は様々に制約されていることを明らかにした上で、解放に向かって読者を鼓舞する。そこでは一般的な道徳規範は一切提示されていない。しかし、疑いなく、二〇世紀に書かれた哲学書の中で最も多くの人々の生活を変えさせ、世界に介入したものの一つである。[14] この力は一体何であるのか。「ある」と「べき」の区別に呪縛されたまま現象学的倫理学を単なる記述だとして済ませるよりも、この問いを考えながら、現代にあって、主流の倫理学の脇に追いやられてきた倫理学思考のもつ力を再発見し、伸ばすことの方が重要だ。

謝辞：本稿の議論は吉川孝氏との共同研究に深く負っている。記して感謝申し上げる。ただし、もちろん、本論に含まれる誤りの責任は全て著者にある。また、品川哲彦氏に心よりお礼申し上げる。品川氏は現象学の研究者であると同時に日本における最も著名な倫理学者でもある。本論は、冒頭で取り上げた氏からの批判に応答することを強い動機として進めてきた研究の一部である。

註

（1）例えば以下参照。Drummond and Embree 2002. 吉川・横地・池田［編］2012.

（2）稲原・川崎・中澤・宮原［編］（2020）参照。

（3）私は、主に、フッサール研究者の吉川孝とレヴィナス研究者の小手川正二郎の両氏とともに、「現象学的倫理学」のセッションを諸学会で開催してきた。ワークショップ「「理性をもつ動物」とは誰か？――「人格」概念への現象学的アプローチ」、第72回日本哲学会（お茶の水女子大学）、二〇一三年五月一二日。ワークショップ「現象学的倫理学に何ができるか？――応用倫理学への挑戦」、第三八回日本現象学会大会（高千穂大学）、二〇一六年一一月二七日。主題別討議「現象学的倫理学の最前線」、日本倫理学会第六九回大会（玉川大学）、二〇一八年一〇月五日など。

（4）品川（2017）による批判は、「現象学的倫理学に何ができるか――応用倫理学への挑戦」と題されたワークショップにおけるコメンテーターとして提起された内容に基づいている。このワークショップで私は肉食の是非という応用倫理学的なテーマに現象学の立場からアプローチした。その際、このテーマを応用倫理学のフレーミングから外すことが私からの問題提起のなかにあり、その問題提起は事実と価値の峻別に対する批判に基づいていた（池田 2017a）。この試みから私にとって明確になったのは、個別のトピックに対する現象学的倫理学の見解を述べる前に、事実と価値というメタ倫理学的なテーマに対する現象学の立場を明確にする必要性であった。本稿はその明確化の試みである。

（5）パトナム（Putnam 2002）は、絶対的な事実／価値二分法が存在するという見方が分析哲学の中でいかに抱かれ、その後、崩壊してきたかを歴史的に説明している。当然、以下に見るマードックへの言及も含まれる。

（6）サルトルはこのジレンマにある人物についてこう述べている。「彼はそれと同時に、二つの型のモラルのあいだにためらっていた。一方は同情のモラル、個人的献身のモラルであり、もう一方はもっと広い、しかし効果のいっそう疑わしいモラルである」（Sartre 1996 (1946), 42／五三頁）。

（7）テイラーによるサルトルの根源的選択の解釈と批判については以下を参照した。松井 2016, pp. 39-40.

（8）テイラーとハイデガーの行為論の親近性については、門脇 2010 第九章に示唆がある。

（9）加えて言えば、現在検討しているマードックの論文の二年後に発表されたアンスコムの「現代道徳哲学」は、徳の倫理学の復興に大きな影響を与えた論文としてしばしば引き合いに出されるが、この論文は、徳と関連する概念の分析に目を向けさせるだけでなく、道徳的義務や責務あるいは「べき」のような道徳的概念は放棄されるべきだとまで主張していた（Anscombe 1981 (1958)）。ケアの倫理学の場合も、M・スロートやE・キテイの一部の仕事は、たしかに規範理論として提示されているが、他方で、ケアの倫理学の古典であるC・ギリガンの『もうひとつの声』（Gilligan 1993 (2022)）の最大の眼目は、（本論のこれまでの議論に近く）関係的責任や状況判断における曖昧さに道徳的な意義を認めると同時に、一般的な道徳規範の提示こそが道徳発達の最終段階という見方にジェンダーバイアスを指摘することだった。これらを規範提示型の道徳理論のもとに一括することはできそうにない。むしろ、現象学的倫理学と同じ陣営に組み入れるほうが自然である。

（10）ただし、マードックのサルトルに対する態度は両義的である。吉川が指摘するように、主著『善の至高性』の場合を含めて、サルトルの実存主義を「「行為」の選択ばかりに目を向けて、それを支える「見方〔ヴィジョン〕」の水準を軽視する哲学の典型」として扱うことがあり、それゆえ実存主義から「マードックが受けた影響や共通点は見えにくくなっている」（吉川 2022, 198）。以下参

照。Murdoch 2014 (1979), 34／五三～四頁.

（11）その一部である「『存在と時間』――存在の探求」は刊行されており、マードックにとってハイデガーはウィトゲンシュタインと「いくつかの重要な基本的着想を共有している」哲学者であったことが明らかになっている（Murdoch 2012, 94）。

（12）ただし、ハイデガーの「空談」の議論からすると、これらの「事実」は中立的観察によって特定されるものというより、真正な理解抜きに、語りまね語り広められることで既成事実としての権威を獲得したという側面が大きい。池田（2021）第七章を参照。

（13）本論では触れることができなかったが、ハイデガーによる世界内存在の記述は実践的推論の記述として再構成可能であり、その場合にはアンスコムやJ・マクダウェルによる実践的推論の議論との親近性が明らかになる。これらの親近性は単なる偶然ではなく、アリストテレス解釈やマードックからの影響など然るべき文脈がある。私はこの点についてまだ成果を出せていないが、その先陣なら門脇（2010）によって付けられている。

（14）このことは池田2017bでも指摘した。

文献

Anscombe, E. 1981 (1958). Modern Moral Philosophy, in *The Collected Philosophical Papers III*, Oxford University Press.〔アンスコム、E. 2021.「現代道徳哲学」（生野剛志訳）、大庭健［編］『現代倫理学基本論文集Ⅲ――規範倫理学編②』（古田徹也監訳）、勁草書房〕

Chappell, T. 2013. Daniel C. Russell (ed.) Virtue Ethics in the Twentieth Century, in *The Cambridge Companion to Virtue Ethics*, Cambridge University Press.〔チャペル、T. 2022.「二十世紀の徳倫理学」、立花幸司［監訳］『ケンブリッジ・コンパニオン 徳倫理学』、春秋社.〕

Drummond, J. T. and Embree, L. 2002. *Phenomenological Approaches to Moral Philosophy : A Handbook*, Kluwer.

Gilligan, C. 1993 (1982). *In a Different Voice: Psychological Theory and Women's Development*, Harvard University Press.〔ギリガン、C. 2022.『もうひとつの声で――心理学の理論とケアの倫理』（川本隆史・山辺恵理子・米典子訳）、風行社〕

Heidegger, M. (SZ). *Sein und Zeit*, Max Niemeyer, 19. Aufl., 2006.

池田喬. 2017a.「反種差別主義 VS 種の合理的配慮――動物倫理への現象学的アプローチの試み」、『倫理学論究』vol. 4, vol. 2, pp.

10-22.

池田喬．2017b.「品川哲彦氏からのコメントへの応答——倫理学とは，規範を示すとは，現状の改革とは」，『倫理学論究』vol. 4, vol. 2, pp. 60- 69.

池田喬．2021.『ハイデガー『存在と時間』を解き明かす』，NHK出版．

稲原美苗・川崎唯史・中澤瞳・宮原優 [編] 2020．『フェミニスト現象学入門——経験から「普通」を問い直す』，ナカニシヤ出版．

門脇俊介．2010.『破壊と構築——ハイデガー哲学の二つの位相』，東京大学出版会．

Midgley, M. 2013. The Golden Age of Female Philosophy. In *The Guardian* (28 November). [https://www.theguardian.com/world/2013/nov/28/golden-age-female-philosophy-mary-midgley]

Murdoch, Iris. 1956. Vision and Choice in Morality, in *Proceedings of Aristotelian Society, Supplementary Volumes* Vol. 30, pp. 14-58.

Murdoch, Iris. 1980 (1953). *Sartre: Romantic Rationalist*, Harvester Press.〔マードック，I．1968.『サルトル——ロマン的合理主義者』(田中清太郎・中岡洋訳)，国文社〕

Murdoch, Iris. 2012. Sein und Zeit: Pursuit of Being, in Justin Broackes (ed.) *Iris Murdoch, Philosopher: A Collection of Essays*, Oxford University Press.

Murdoch, Iris. 2014 (1979) *The Sovereignty of Good*, with a Foreword by Mary Midgley, Routledge.〔マードック，I．1992.『善の至高性——プラトニズムの視点から』(菅豊彦・小林信行訳)，九州大学出版会〕

松井信之．2016.『「物語る権利」を救済する——チャールズ・テイラーの哲学における「道徳的なもの」と孤独のパトスの歴史的展開』，博士論文（立命館大学）

Putnam, H. 2002. *The Collapse of the Fact/Value Dichotomy and Other Essays*, Harvard University Press.〔パトナム，H．2006.『事実／価値二分法の崩壊』(藤田晋吾・中村正利訳)，法政大学出版局．〕

Purton, V. 2007. *An Iris Murdoch Chronology*, Palgrave Macmillan.

Sartre, J-P. 1996 (1946). *L'existentialisme est une humanisme*, Gallimard.〔サルトル，J-P. 1996.『実存主義とは何か』(伊吹武彦訳)，増補新装版，人文書院．〕

品川哲彦．2017.「「現象学的倫理学に何ができるか？——応用倫理学への挑戦——」コメント」、『倫理学論究』vol.4 no.2, pp. 34-43.
Taylor, C. 1985. What is Human Agency? in *Human Agency and Languages: Philosophical Papers 1*, Cambridge University Press.
吉川孝．2022.「マードックと現象学」、『フィルカル』vol. 7, No. 1, pp. 184-203.
吉川孝・横地徳広・池田喬［編］2012.『生きることに責任はあるのか——現象学的倫理学への試み』、弘前大学出版会．

「喪失」という経験
――世界へのかかわり方の変容――

中 真生

はじめに――喪失の「典型」としての死別から

「喪失」の経験として、多くの人が真っ先に思い浮かべるのは、おそらく、その人にとって大事な人を亡くすことだろう。いて当たり前の人、自分の日常を形成している人が突然目の前からいなくなる。それ以外は何も変わらないように見えるいつもの日常の中で、いて当たり前だった人の不在が際立つ。失った当人は、しばらくの間、その不在を本当には理解できず、二度と戻らないものを想い、引き裂かれるような苦しみを味わう。取り戻せたら、失う前に戻れたらと思わずにはいられない……。このような大事な人との死別という喪失が、かりに喪失経験の「典型」なのだとすれば、それを「典型」にしている要素は何だろうか。さしあたり次のようなものを取り出してみることができるだろう。

①自分にとってなくてはならないもの、あって当たり前のものが、自分にも周囲にも明らかなかたちで日常からなくなること（大事なものの明らかな喪失）、②それは完全に失われ、二度と取り戻せないこと（完全で不可逆な喪失）、③それまでの日常生活が困難になるほどの深い悲しみや苦しみを味わうこと、あるいは、その人を取り戻

したい、その人がいてくれた頃に戻りたいなどの、叶わぬ強い想いを抱くこと（強烈な悲嘆・思慕）[1]、である。

このように、喪失経験の「典型」は、自分にとって大事なものを決定的に失い、悲しみ、想い焦がれる経験である、とまずは言えそうである。しかしよく見てみると、喪失の経験と呼べるものには、これらのいずれかを欠いているものも多数含まれ、なかには本人にとって、時には死別と同等か、それ以上の喪失だと言えるものさえあることに気づく。たとえば、自分にとってなくてはならないとまでは言えないものを失ったときに、思いのほか衝撃を受けて動揺する場合（＝①の欠如、同級生・同僚や顔見知りの死など）もあるし、見かけ上は何も失っていないのに、目には見えない実質が根本的に変容し、悲しみや苦しみ、虚無感などを抱いたり（＝①の欠如、トラウマの経験、冷え切った関係など）、喪失が理論上は不可逆ではないのに、不可逆の場合と同様の苦しみや悲嘆を味わったり、死による完全な喪失に比べて深刻度が低いと思われているのに、当人にとっては危機を招くほど深刻だったり（＝②の欠如、離婚・失恋・転居・認知症の家族など）、逆に他の人から見れば重大な喪失であっても、当人は特別な感情を抱いていないか自覚していなかったり（＝③の欠如、抑圧されたり遷延された悲嘆など）する場合など様々である[2]。

このように複雑で広がりのある喪失経験を、単純化することなく、少しでも現実に則してとらえるにはどうしたらよいだろうか。本稿は、喪失の典型のように見える死別を出発点として、その典型からはみ出る経験の方へと徐々に視線をずらしていくことで、その一端をとらえることを試みたい。そしてその過程で、喪失経験の核心は、必ずしも既述のような典型を成す要素のうちにあるのではなく、むしろその人のより根底部分で、その人の基盤、言いかえれば、世界へのかかわり方の喪失あるいは変容が起こることにあるのではないか、と考えることになる。まず一章では、喪失経験における見えやすい表面から深部へと、いわば垂直方向に視線をずらし、掘り下げていく。二章では、紙幅の都合でごく簡単にとどめざるをえないが、典型に見える死別を基点とし、通常は喪失経験とは考えられないか、あるいはそれほど深刻な喪失経験とはみなされない経験の方へと、いわば水平方向に視線をずらし、喪失概念を拡げていく。そのようにして、喪失体験の核と広がりを、限られた範囲ではあるがともに掬い取ろうと本稿は試みる。

一章　「何か」の喪失から基盤の喪失へ

一　死別における基盤の喪失

家族など、身近で大切な人を亡くした場合、それまでいた人がいなくなったこと、つまりその人の不在にばかり焦点が当てられがちである。そのことはまるで、今までの日常の風景からその人だけがすっぽりと抜け落ちてしまったかのように語られたり、イメージされることが多い。たしかに、かけがえのないその人と二度と会えないこと、触れ合ったり、話したり、一緒に出かけたりできないこと、これらが苦痛の核心であるのは間違いない。しかし残された人は、それだけでなく、それと切り離せないかたちで、ほかの様々なものも同時に喪失していることはもっと注目されてよいだろう。たとえば配偶者を亡くすことで、引っ越したり、転職したりすることを余儀なくされれば、馴染みの家や職、人間関係なども同時に失うことになる。そればかりか、妻あるいは夫としての社会的立場や、家庭内での役割を失ったり、そこから得られていた自信やアイデンティティも失うかもしれない。話したり相談したりする、もっとも信頼し安心できる相手、世話し合い、気遣い合う相手を失い、故人を介した交友関係も、それまで一緒に出かけていた場所に行く機会や楽しみも失うかもしれない。

さらには、複数であれ、目に見えないものであれ、名指し、特定できる「何か」を失うだけでなく、そのように輪郭づけることさえ難しいほど、その人の全体に重大な影響が及ぶ場合も少なくない。その場合、何かが欠けたという印象を与える「失った」という表現よりも、何かのありようが「変わった」という表現の方が適切かもしれない。たとえば、ある経験を機に、世界の見え方も変わってしまった、自分の感じ方やあり方が根本的に変わった、また誰かとの関係のありようが変わってしまった、ということが少なくない。このようなとき、失ったものを明瞭に輪郭づけ、名づけることは難しい。たしかに「以前の世界の見え方」、「以前の自分」を失ったとは言えるが、人や家、財産や仕事などを失う場合に比べて、失ったものの輪郭が曖昧である（たとえば、どこからが以前の世界で、どこからが今の世界かが区別し難く、しかもその区別は人や見方によって変わりうる）。むしろ、世界そのもの、あるいは自己そのものがすっかり変容してしまったという方がより適切だろう。このように喪失の経験はじつは、名指しやすい「何か」を欠くだけでなく、そのように全体に波及し、当人の自己のあり方や世界とのかかわりの根幹に影響を与えないではいられない経験でもあることが多い。故人が、失った当人にとって大切な存在で、その人の生活やあり方に深く浸透している場合ほどそうだろう。

哲学者で、死別した人々を対象とする臨床も行っているアティグは、このことを次のように表現する。

「誰かに死なれることは、この世界での私たちの経験と行動の基本構造全体に、しばしば深く、影響を及ぼす。［…］喪失は、私たちの体験する世界を、ときとして隅々まで一変させる」（アティグ106/122、一部改訳、強調は引用者、以下同様）。

「［…］私たちが死別を経験すると、その喪失は、それまで当たり前のこととして考えるようになっていた、世界の中での経験の仕方や生き方を役に立たなくしてしまう。自分の位置を見失い、どのように進んでいけばよいか、途方に暮れる。死んでしまった人の存在を失うばかりでなく、当たり前のこととして考えていたものの多くを失う」（同121/140）。

「［死別という］この一撃で、この世界の安全すべて、そして、その関係が自我に与えていた構造全てが吹っ飛んでしまう。［…］方向を見失わせる（disorienting）そのような一撃は、悲しむ人の基盤そのものを引き裂く」（同141/163、［ ］内は引用者、以下同様）。

アティグはこのように、大切な人を亡くすことは、それとともに、別の根本的なもの、全体的なもの（引用では「私たちの経験と行動の基本構造全体」や「経験の仕方や生き方」、「基盤」など）が深刻な影響を受け、失われるのだと言う。こうして、大切な人という世界の一部を単に失くすだけでなく、残された人にとっての世界とその人自身が一変してしまう様子を巧みに表現している。明確に輪郭づけられ名づけられる「何か」の喪失ではなく、喪失経験におけるこのような基盤の喪失あるいは変容の方に、本章は注目する。

では、この基盤とは具体的にどのようなものだろうか。それを考えるために、まずは、（一部の死別も含む）トラウマ体験を喪失として研究した、ジャノフ・バルマンの主張を見てみたい。

二　「打ち砕かれた前提」（shattered assumptions）

心理学者のジャノフ・バルマンは、トラウマとなる出来事を体験したとき、人の「内的世界」（ジャノフ・バルマン４他）ではどのようなことが起こっているのかを、アンケートや面接も行いながら探求する。彼女の考えるトラウマとなる出来事には、一方で、レイプや暴力、犯罪事件などの人間が引き起こす被害に遭うことが、他方で、自然災害や事故など人間が意図的に起こしたのではない被害に遭うことが含まれ、また大事な人を、とくに時期尚早に突然亡くす死別も含まれている。彼女は、トラウマ的出来事の種類によって細かい差異はあるものの、それよりもこれらの出来事の被害者に本質的に共通する側面に、とくに注目する。それは、その人たちがトラウマ的出来事以前に無自覚に依拠していた「諸前提」（assumptions）が、その出来事によって致命的な打撃を受け、壊されるという事態である（cf. 同51）。

彼女によれば、人間は成長する過程で、自分の思考やふるまいの参照点となり、自覚せずにそれに依拠して生きている「諸前提」から成る「前提世界」(assumptive world) を、時間をかけて徐々に形成している。この前提世界は、様々な論 (theories) や表象のネットワークから成る (同5)。その論のうちのいくつかは比較的表層的であり (ex.「私は上手にピアノを弾く人だ」)、ほかのいくつかはより中心的で基礎的である (ex.「私は道徳的できちんとした人間だ」(同)) というヒエラルキーを形作っている。後者の「私たちのもっとも根本的な前提は、もっとも抽象的で一般的で、その適応可能性において最も汎用的でもある。根本的な前提は、私たちの概念的システムの基盤である。それらは私たちがもっとも意識しておらず、それに挑戦する可能性のもっとも少ないものである」(同)。根底で私たちの「内的世界」を支えている基礎的な前提ほど、ふだんは意識されず、あえて注目して検討されることもなければ、それが揺るがされることも稀なほど、固定し、安定したものである。

ところが、トラウマとなるような出来事を経験したとき、それは揺るがされ、破壊されうると彼女は言う。トラウマ的出来事の多くは、突然の、強烈な衝撃を与える出来事であるため、従来の諸前提を拡大したり、緩やかに変更することでそれを受け止め、吸収することが出来ないからである。「根本的な前提」は、自己や世界の見方、あるいは自己と世界の関係についての見方に関わっている。彼女は、多くの人が形成し維持している前提を次の三つに要約する。①「世界は好意的 (benevolent) である」、②「世界は有意味 (meaningful) である」、③「自分には価値がある (worthy)」(同6他)。ひとことで言えば、「根本的な前提」とは、世界と自分自身への信頼である、と言えるだろう。トラウマとなる出来事の経験をきっかけとして、世界は、悪意に満ち、無意味であり、自分は非力で価値がないというように、自己や世界の見方が一八〇度反転してしまう。世界は脅威的で、そこではどんな悪いことも起こり得る、自分はその世界の中で守られておらず、無防備な状態で投げ出されているのだと。世界は、馴染みのある安全な場所から、脅威的な場所へと、瞬時に変貌してしまうのである。それまでの思考とふるまいの基盤は崩壊し、恐怖と不安でいっぱいになる。

このようなジャノフ・バルマンの考えの中でとくに注目したいのは、ひとつには、彼女がトラウマ的出来事そのものよりも、それに伴って生じる、古い諸前提が壊される事態をとくに「喪失」と呼び、そちらの方に注目していることである。（cf.「犠牲者は、世界と自分たちについての古い、深い、肯定的な見方の喪失を経験する」（同71）。

彼女は、トラウマ的出来事の例として、レイプや事故、事件の被害者になること、死期の迫っていない大切な人を突然失うことなどを念頭においていた。最後の死別の場合を除いて、（被害の中で自分や他の人の体の一部や機能を失うなどが伴わない場合は）これらが通常、喪失体験と呼ばれることは少ない[3]。被害者が、精神的、身体的に多大な害を被っていることは確かであっても、「何かを喪失した」と言い表すのが適切かどうかは、外からは明らかでなく、しばしば本人にとってさえ定かではない。（たとえば死別であれば、死亡届を提出したり、葬儀等の儀式を行ったり、関係する各所に申し出たりするなどに表れるように、家族等をなくしたという事実に曖昧なところはない。）しかしひとたび、自他にとって見えやすい表面から、その人の内的な経験へと視線を向け変えると、そこでは、死別などの「典型的な」喪失の場合と同等か時にはそれ以上に、重要なものが失われた、あるいは変質したと言える場合が少なくない。その意味では、これらも広義の喪失経験だと言える[4]。

したがってジャノフ・バルマンは、目に見えやすかったり、容易に輪郭づけやすい何かを失ったかどうか（つまり狭義の喪失体験か否か）にかかわらず、トラウマ的出来事の被害者に起こりうる、見えにくい、その人の根幹にかかわるものの喪失あるいは変容の方に注目しているのだと言うことができる。

三　「世界へのかかわり方」という基盤

ジャノフ・バルマンが強調することで示してくれているのは、私たちがそもそも生き、考え、感じ、ふるまい、人や世界と関係する際の、ふだんは意識しない基盤（彼女の言葉では「前提」）があり、トラウマ的出来事はその基盤にこそダメージを与えるのだということである。逆の視点から言えば、トラウマ的経験を含む喪失経験が深刻であるのは、それが、私たちの生を支える自明な前提に影響を与え、その前提をこそ失ってしまうからである。

ただ、心理学者であるジャノフ・バルマンが明らかにする前提とは、彼女が要約する、「世界は好意的である」、「世界は有意味である」、「自分には価値がある」という三つの主要な前提に表れているように、自己や世界に関する見方や信念（beliefs）だと言える。それは、私たちの思考やふるまいを方向付けるものではあっても、あくまで「内的世界」に留まるものである。そうしたジャノフ・バルマンの枠組みでは、身体をさらした生身の人間が、世界や他のものたちに対してどのようにふるまい、またどのように被るのかといった、身体を介した直接の緊要な交わり、日常を成り立たせ、その人のあり方を下支えしている、その意味での「世界へのかかわり方」が具体的に考慮される余地は少ない。

しかし、心身の安全や労苦の軽減にもじかに影響する「世界へのかかわり方」においてこそ、何よりもまず、ふだんは意識されないほど自明になっている基盤が形成されているはずである。むしろ先の見方や信念は、この世界へのかかわり方と切り離せず、その一部を成していると言える。そこで本稿では、ここまでジャノフ・バルマンに沿って明るみに出した前提あるいは基盤を、ここからは、身体を基にした身体的存在が世界へとかかわる仕方、（また、その仕方によって翻って形成される自己のあり方でもある）ととらえ直し、メルロ＝ポンティらを参照しながらさらに考え進めてみることにしたい。

（二）死別における「世界へのかかわり方」への影響

そのように捉え直された基盤の観点から、改めて、家族など身近で大切な人を亡くした場合を考えてみる。先に見たように、大事な人を亡くすことは、残された人にとって、単に、世界を構成する一要素を失うにとどまらない。大事な人は、ほかのものと同じように、自分の面前に居並ぶもののひとつであるだけでなく、自分とともに、自分のがわにあり、自分自身と分かちがたく、自己のあり方や世界へのかかわり方を形成しているものでもある点は見逃せない。つまり、亡くしたその人は、残された人が世界の内で思考し、ふるまい、世界に働きかける際の、見えないほど自明な前提あるいは基盤にもなってもいたという点である。ラトクリフも次のように言う。「故人は単に経験された世界のうちの人であるだけでなく、私たちがかつて当たり前だと思っていた世界を理解するための条件でもある」（Ratcliffe2016: 206）と。このことは、日常生活の、ささやかだが染みついた習慣（例えば何をどのように食べるかなど）から、人生の岐路など大事な場面で参照するもの、あるいは自分のもっとも深くに根付く信条に影響を与えるもの（この選択、行動についてその人はどう思うか、喜んでくれるかを尋ねたり、考えたりするなど）に至るまで、様々なレベルで当てはまる。

そのような人を亡くすということは、残された人の、上記のような前提あるいは基盤が揺らぎ、立ち行かなくなり、変更を迫られるということである。それは残された人にとって、単に世界の一部が欠けるにはとどまらない問題であり、その人のそれまでの世界へのかかわり方、また自身のあり方の喪失あるいは変容という、その人自身の問題でもある。

ジャノフ・バルマンは、前提世界が急激に無効になるようなトラウマ的出来事のうちに、死別としては、死期の迫っていない人を突然失う場合のみを含めていたが、本稿は、突然誰かを失う場合にかぎらず、長い闘病生活を経た後の死別や、高齢の（比較的死期が近づいていると言える）家族等との死別も含むあらゆる死別経験において、そのような、残された人の基盤の崩壊あるいは無効化と呼べる事態が起こりうると考えている。

（二）身体（の一部）の喪失における「世界へのかかわり方」への影響

さて、前項で見たような、その人の基盤となる世界へのかかわり方を形成しているものは、その人にとって大切で緊密な関係にある人間には限られないだろう。たとえば、人がそれを生きている、自分自身の身体もまた同様である。メルロ＝ポンティは『知覚の現象学』で、自分自身の身体は自分にとって、世界の中の単なる一対象ではなく、自分が世界へとかかわることを可能にする条件であると考えた。彼によれば、身体は、それを基点としてはじめて、世界が自分にとって開かれる「基軸」（pivot）（メルロ＝ポンティ111/148）である。したがって、大事な人を亡くすことと身体（の一部や機能）を失くすことは、それまでの世界へのかかわり方を失うという点で近似していると言えるだろう。

実際に『知覚の現象学』には、すぐ後で見るように、身体の一部の喪失と死別とを並行関係に置いて考えている箇所がある。死別を研究する社会学者のパークスも、それらふたつをある面では同質のものとして考察している[5]。では、両者の何が同質だと言えるのだろうか。それはまず、どちらにおいても、喪失する以前の世界へのかかわり方に固執することがある点である。具体的には、手足や大事な人がいた世界へのかかわり方に固執することである。前者の固執が症状として現れる場合のひとつが幻影肢である。そのように固執するとき、失くす以前に馴染み、習慣となっていた世界へのかかわり方と、失くした後の現実の世界とのあいだに、乖離が生じてしまう（cf. Ratcliffe2020）。

メルロ＝ポンティもう言うように、私たちはふだん、身体を基軸として、世界とかかわる仕方を獲得している。それは繰り返され、何度も参照されることで習慣となり、世界はその分だけ、馴染みのものとなる。（何度も同じ道を通って通い、歩いた街が馴染みの街となっていくように。また何度も会い、時間や経験をともにした人が馴染みの人になっていくように。）しかし、大切な人や、自分の身体の一部をなくすことで、世界は突如、馴染んだのとは別の相貌を見せるようになる。習慣となった世界へのかかわり方は、そのままでは維持することができず、変更、再編を迫られる。とはいえ、すぐにはその状況に対応できず、人や場合によっては、習慣で踏み慣らした、以前の世界に長いこと固執し、それへのかかわり方を保持しようとすることが起こる。このことをメルロ＝ポンティは、幻影肢や死別を念頭に置いて、次のように言い表している。

「脚を切断した人が、自分の［切断された］脚を失わないでいるのは、彼が依然としてその脚を考慮に入れ続けているからであり、それはあたかも、プルーストが、自分の祖母の死をはっきりと確認しながらも、依然として彼女を自分の生の地平に保持している限りでは、まだ彼女を失ってしまったわけではないのと同様である」（同110/147）。

このように、大事な人や手足を失った人は、喪失したものが組み込まれた馴染みの世界とそれへのかかわり方に固執することで、それらの喪失を深いところでは認めようとしない。このことは裏を返せば、大事な人や手足が失われることは、それらが組み込まれた馴染みの世界へのかかわり方、そしてそれを基盤とする自己のあり方が揺るがされ、失われることであることを示している。つまり、馴染みの世界の変容に抵抗し、それに固執する幻影肢のような場合が起こりうるほど、故人や失われた手足は、残された人の世界へのかかわり方の前提になっていたことが、逆にうかがい知れるだろう。

本稿にとって重要なのは、大事な人や手足が失われることによって、それとともに形成していた馴染みの世界へのかかわり方、本稿の冒頭からの言葉で言えば、「基盤」が崩壊し、失われる（執着することで形式的に保持することはできるが、実質は無効になっている）ということである。そして、展開する余裕はないが、既述のような習慣への固執は、時間的観点から見れば、過去に固着することである点も付言しておきたい(6)。

(三) 老いにおける「世界へのかかわり方」への影響

先に見たジャノフ・バルマンが対象にしていたのは、トラウマ的出来事という、ある日突然遭遇する、急激な喪失、誰にでも起こるわけではない、劇的な喪失が中心であった。しかしそこで示されたことは、たとえば、闘病の末の死別など、急激ではない緩やかな喪失や老いといった、誰にでも起こる喪失にまで広げて考えてみることが可能なのではないか。本節では、とくに老いに焦点を当ててそれを試みる。

老いもまた、喪失のひとつである。では、歳を取り、老年に至る過程で、何が失われるのだろうか。大まかな括りで見れば、体力、気力、知力が衰える。細かく見れば、俊敏さ、筋力、視力、聴力、集中力、記憶力、判断力、根気など心身のあらゆる機能が衰える。柔軟性や順応性、人によっては協調性や社交性などの社会的能力も衰えるかもしれない。しかし、真に老いの苦しみや困難を構成しているのは、これらの、自他にとって比較的見えやすく、分かりやすいものの喪失ではなく、それに付随するもの、そしてそれらに並行して起こる事態の方だと、精神科医の小澤勲は見る。体力や知力など分かりやすいものは、時間をかけて徐々に、ほとんどの場合比較的なめらかに失われ、衰えていくから、それに順応することはそれほど難しくないことも多い。たとえば老眼鏡をかけ、補聴器をつけ、杖をついたり、食べる量を減らしたり、生活習慣を変えたり、人との付き合い方、仕事の仕方などを変えることで何とか対応しようとする。

しかし、そうした老いを「背景あるいは地」（小澤83）として、それとは別の、地に対する図となる喪失があると小澤は言う。それは、配偶者や親しい友人、知人を亡くすこと、仕事を引退すること、これに伴い、社会や家庭での役割や使命をなくすこと、自分を支え豊かにしていた人間関係をなくすこと、それらに伴っていた自信や自尊心、自己像を失うことなどである。これらの喪失は急激に起こることが多い。そしてこれらは、それがなくては生きている意味を感じられないほど、その人の根幹を支えるものであり、補ったり他のもので代替したりすることが難しいから、それらの喪失は、老人の生を根本的に変えてしまう。別の言い方をすれば、死別や他の喪失の場合と同様、それは生の一部分ではなく、生の色そのものを失わせてしまいうるのである。小澤は言う。

「老いるということは喪失体験を重ねることである。［…］老年期には、社会的、家庭的役割の喪失があり、人の面倒をみてきた人が一方的に面倒をみられる側に回る。心身の衰えが生じ、病が襲い、死が現前化する。そして、親しかった人と死別あるいは離別し、馴染みの人間関係が喪われる」（同79）。

そして、その緩やかな喪失という「背景あるいは地」に対する「図」に当たる、突然の喪失の出来事（下記では「ライフ・イベント」）こそが、老年者にダメージを与えるのだという。

「［…］老いの過程と痴呆［ママ］の初期過程を生きているということを背景あるいは地としてライフ・イベントが危機を招き寄せるのである。あるいは、さまざまなライフ・イベントが積み重ねられて、いわばだめ押し的にある特定のライフ・イベントが決定的な〝ゆらぎ〟（危機）をもたらす、と考えた方がよい。［…］積み重ねられた喪失体験によって生じる〝ゆらぎ〟が、ついに長年の生き方（way of life）の転換を要請するまでに大きくなったとき、破綻が生じるのである」（同91）。

引用中の「長年の生き方」は、本稿の言葉を用いれば、その人の基盤、あるいは世界へのかかわり方だと言いかえられるだろう。

そして、先の死別や身体の一部の喪失の場合と同様に、老いにおいても、身体が中心となり、時間をかけて形成され習慣となった世界へのかかわり方が、無効になると同時に、それに抵抗してあがくということが起こりうる点にも注目したい。

「生活上の出来事life event［死別・退職・病気など］は役割の喪失を意味すると同時に、秩序の崩壊とももとらえられて、深刻な危機に陥る。長年にわたり大きな破綻なく（というよりむしろ、成功裏に）過ごしてきた生き方の変更を迫られたとき、彼らはその来し方に矜持を持っているだけに、かたくなまでに過去の生き方に囚われて、そのままに押し通そうとする。結果的に、彼らの生き方は現実との乖離がはなはだしくなり、大きな〝ゆらぎ〟を招来する」（同110）。

さらに、老いにおいても、先に見た死別や身体の一部を失う場合と同様に、馴染みの世界へのかかわり方、つまり習慣への固執が生じる。そしてそれは、時間の観点から見ると、過去への固執といえる点も先と同様である。ボーヴォワールは次のように言う。

「[…] 人はいかなる年齢においても習慣を放棄するときには何ものかを失う。しかし若いあいだは、人は自分自身を失いはしない、なぜなら彼は未来のなかに、彼の投企の実現のなかに自分の存在を位置させているのだから。老人は変化を恐れる、なぜなら、それに適応できないことを心配するので、彼は変化のなかに一つの新しい可能性ではなく、ただ過去との断絶しか見ないからである。彼は何ごとも為さないので、過去の生活の枠やリズムと自分とを同一視する、したがってそれからから自分をひき離すことは彼の存在そのものと離別することなのである」(ボーヴォワール 493/229 一部改訳)。

「大部分の老人の場合がこれ「時間の拒否と、過去との緊密な連帯」であり、彼らは失墜したくないので時間を拒否し、彼らのかつての自己を彼らがそうでありつづける自己として規定する」(同384/104)。[7]

先に、死別した人や手足を亡くした人が、故人のいた世界や、失った手足が存在することを前提にしたふるまい方に固執することがあるのを見たが、それと同様に、老人は、かつての自己が形成していた馴染みの世界へのかかわり方、言いかえれば習慣に固執することが起こりうるのだと言える。

二章　死別からのずらしによる喪失概念の拡大——「関係における喪失」の場合

これまで、喪失経験が大きな衝撃を伴って経験される場合ほど、その核には、残された人の基盤の喪失または変容といえるものがあることに注目してきた。そして、喪失したものを明確には名指しがたい経験においても、基盤における喪失あるいは変容は起こりうることを、アティグやジャノフ・バルマン、メルロ＝ポンティを手がかりに見てきた。このことから、喪失経験のもっとも核心にあるのは、たとえば大切な家族、家財、職など明確に名指せる何かを失っているかにかかわりなく、ある経験において、その人の基盤の喪失あるいは根本的な変容が起こっていることだと、改めて言い直すことができる。ここでの「ある経験」とは、事故や犯罪などのトラウマ的出来事のように、瞬間的、突発的な出来事でもあれば、老いに伴う喪失のように、日常的で比較的緩慢な、だれにでも起こる経験であることも、またその中間のこともある。

これまで本稿では、そのように喪失の核を、表面の見えやすいものから基底にあるものの方へと、いわば垂直方向にずらすことを主に試みてきた。(8) 本章ではこれに対して、通常、喪失経験の典型とみなされることの多い死別と比較して、その主要な要素のいずれかを満たしていない経験でも、それが死別と同等の、時にはそれ以上の深刻な喪失経験でありうることを、紙幅の都合で概略的にのみ示してみたい。それは喪失概念を、死別を基点に水平方向にずらし、拡大していく試みだと言えるだろう。

本稿が基点とする死別は、親密なあるいは身近な関係にある人を亡くすという点で、「関係における喪失」の最たるものだと言えるから、以下では、多様な喪失経験のうち、大切な人との関係における喪失に思い切って考察を絞り、その中で、死別から視線を徐々に横にずらし、喪失概念を拡大していくことを試みる。（ただしこれらは、そのように拡大する試みのうちの、一方向への、ほんの数歩に過ぎないことは改めて断っておかなければならない。）

一　死別から、不明瞭な「関係の終焉」へ

まずは死別を基点として、喪失の契機を、配偶者や家族の死から、彼らとの関係の終焉へとずらしていく方向が

ありうるだろう（下記（1））。つまり死別から，離婚や恋人関係の解消の場合へ，さらに，正式には（あるいは見かけ上は）関係が終了していないが，実質は終了している場合（愛情の冷めた関係，行方不明など）へとずらす方向がありうる（下記（2））。言いかえれば，関係の終焉がより目立たない，あるいはより不明瞭な場合へとずらしていく方向である。

（1）本稿冒頭で，死別が喪失経験の典型だとみなされるのは，大事な人の死による喪失が，自他にとって見えやすく明らか（①）で，また完全で不可逆（②）であり，そして深刻な悲しみや苦しみ，悲痛な思慕を伴う（③）からだと考えた。これに対して，死によらない，離婚や別離，友人との絶交などの関係の終焉は，ときに見えにくく，少なくとも理論上は不可逆の喪失ではなく，悲しみなどの深刻さにおいて死別に劣るとみなされ，喪失と呼ぶのは大げさだと思われたり，自分や周囲がそれを重大な喪失だと気づかないこともある。というのも，別れた人は生きているため，死別のようには決定的で不可逆な別れとは言えないからである。関係が復活する可能性もゼロではなく，復活しなくても会ったり，友人として良好な関係を築く可能性には開かれている。二度と会わない場合でも，どこかで生きているというだけで，死別に比べて悲壮さ，不条理さが少ないと思われるかもしれない。

ところが実際は，当人が，死別の場合と同等の，時にはそれ以上の打撃を受ける場合も少なくない。加えて，死別に比べて不明確な別れ，「曖昧な喪失」だからこその困難があるとボスは強調する。（「離婚は，［…］それ自体が問題なのではないが，しばしば，離婚に伴って生じる曖昧で未解決な喪失が問題なのである。離婚に関連した喪失は，死の結果，生じる喪失よりも，しばしば困難である」（ボス36）。）

ボスが提起する「曖昧な喪失」には，大きく分けて二種類あると言う。ひとつは，大事な人が身体的には（近くに）存在しないが，心理的には存在している場合であり，もうひとつは逆に，大事な人が身体的には近くに存在するが，心理的には不在と言ってよい場合である。ここで扱っている喪失は前者に属する。前者の例として他には，家族が行方不明の場合や、離婚によって一方の親と別居している子どもなどをボスは挙げる。彼らは生死がはっきりしないため、あるいは別居しているが生きており、会ったり関係を保つことも理論上は可能であるため、喪失したかどうかが曖昧である。そこから、身体的にはそこにいない人——行方不明者や離婚して別居した配偶者や親など——が、残された人にとって、心理的には以前とあまり変わらない形で存在しつづけることも少なくない。外的状況の曖昧さ（生死が分からない、関係がはっきりしない）と、残された人の理解の曖昧さ（家族の成員によっても、ひとりの人でも時と場合によって異なる）とが相まって、喪失による深い悲しみは、その存在を自他によって認められないまま、「凍結」してしまうのだと言う。曖昧な喪失は、「人々が自らの生活を、次の段階へとすすめることができないように、決まった場所に凍結しうる」（同24）。この点で曖昧な喪失は、「人々が直面する最も困難な喪失」（同16）だとさえボスは言う。

（2）そしてさらに、一層見えにくい隠れた喪失は、男女の関係で言えば、離婚や別離という形をとらずに、見かけ上は関係が継続しているが、仲が冷え切っている場合であろう。親子関係で言えば、親による子の虐待、ネグレクト、無関心などにより、親が子にとって精神的に不在といえる場合がそうである（逆に、憎悪や恐怖の対象として存在が際立つこともあるが）。これらはボスの区分で言えば、曖昧な喪失の第二のタイプ、つまり、身体的には（近くに）存在しているが、心理的には不在の場合に該当する。ボスが言うように、「単に同じ家で同居しているからという理由だけで、我々の家族が、必ずしも、完全であるというわけではない」（同70）点は、もっと注目されてよいだろう。

これらの喪失において、残された人は、死別や離別と同等の、時にはそれ以上の打撃を受ける場合も少なくない。ボスは次のように言う。「私は［調査によって］、より通常の喪失を経験していた人たちよりも、「［身体的には］存在するが［心理的には］不在である」愛する家族と一緒のひとたちのほうが、確かに、よりディストレスを経験していたことを見出した」（同18）と。

そうであれば、本稿では展開できないものの、さらに次のように視線を移していくことも可能であろう。関係における喪失に限れば、たとえば子どもの成長や独立にともなう親子関係の変化など、自他によって喜ばしいとみなされるものでも、それが当人の基盤である、世界へのかかわり方に与える影響の度合いや質によっては、深刻な喪失経験でもありうるのだと。[9]

以上のことから、喪失経験において、（関係のうちにある人の）死という、分かりやすく完全で不可逆な喪失の要素は、不可欠ではないし、じつは、死別は喪失の典型でさえないのだと言えるだろう。一章の検討を経てきた私たちはむしろ、何を失ったか、それが見えやすいか、喪失が不可逆か、悲しみや思慕が伴うかどうかよりも、その経験において、当人の基盤あるいは世界へのかかわり方にどのような影響があるかの方がより重要なのではないか、と考えてみることができる。

二　死別や関係の終焉から、関係のうちにある人の喪失へ

他にも、親、配偶者、子どもといった家族等との死別を基点として、相手が亡くなっておらず、相手との関係が終わってもいないが、その人自身の重要な部分をすでに失っている場合へとずらしていく方向が考えられる。言いかえれば、喪失の契機を、家族等の死、そして関係の終焉から、それらに先立つ、関係のうちにある人（家族等）自身の重要な部分の消失、あるいは減少へとずらす試みである。つまり、死による相手の喪失から、死に先立つ相手の喪失へとずらして見ることである。

そのような場合には、死にゆく人の終末期における先取りされた喪失[10]や、家族等が認知症や慢性的精神疾患を患っている場合の、その人の以前の人格、あるいはその人らしさの喪失が挙げられる。これらはどれも、通常は見えにくい喪失であり、また喪失とは認められにくい、少なくとも深刻な喪失とは認められにくい喪失である。

ボスは、アルツハイマー型認知症と診断された患者の家族を指して、「愛した人が、徐々に去っていく喪失のグレーゾーンに生きていた」（同57）と表現する。認知症の親や配偶者をもつ人にとって、彼らは身体的にはそこにいるが、心理的には、かつてと同じようにはもはやそこにいない。その点で、ボスの曖昧な喪失の二分類の後者に当てはまる。家族外の人には、この心理的な「不在」は理解されにくく、したがって、患者の家族が大事なものをすでに喪失していると認められることは稀である。[11] 周囲だけでなく、当人もまた、親や配偶者などの身体が変わらずそこにあるために、自分が大事なものを喪失したこと、喪失による深い悲しみを抱いていることに気づきにくい。また、何を喪失したのか、そして何が残されているのかが曖昧であることも、その人を困惑させる（不完全な喪失）。その困惑のひとつの要因が、周囲も当人も、死こそが、喪失したか否かの絶対的な境界線であるはずだと思い込んでいることにあるだろう。

これらが示すのは、死という分かりやすく、社会的にも認められた（喪失したか否かの）境界を自明視し、固定化することなく、死は重要であるがひとつの契機であり、それ以前であっても、（本稿では検討しないが）死後であっても、喪失の契機あるいは段階は複数ありうると考えることで、見えにくく、隠された喪失の経験が浮かび上がってくることとである。そしてその時道しるべとなるのが、経験の見えやすい表層ではなく、その人の基盤に注目し、世界へのかかわり方に根本的な変容があったかどうかを見ようとする本稿一章の視点なのである。

さらには、本章で考察した「曖昧な喪失」の視点から翻って見るとき、さしあたり典型とした死別であっても、実際は、分かりやすい明らかな喪失とはかぎらず、よく見れば、何を失い、何が残されているのかは容易に判別し難く、多くは残された人の解釈にかかっていると言える点で、死別さえも、曖昧な喪失を幾重にも含み込んで成り立っていることに気づかせてくれる。詳しくは稿を改めて考えることにしたい。

註

（1）作家のディディオンは、夫を亡くした後の自分の経験を描く著書で、一方では夫の死を理解し、それに沿って理性的に行動しているのに、他方では、夫が生き返ることを望み、帰ってくることを本気で信じ、それに応じたふるまい（また履くからと靴を取っておくなど）もしてしまう思考（「マジカル・シンキング」）に言及している。『悲しみにある者（The year of Magical Thinking）』慶応義塾大学出版会、二〇一一年

（2）ドカらは*Disenfranchised Grief*で、同僚、元配偶者、ペットの死や、失恋、養子縁組の当事者、介護・看護者の抱く喪失による悲嘆を、周囲や社会、時に自分自身によっても認められにくい、「公認されない悲嘆」（disenfranchised grief）に分類して論じている。（ハーヴェイ 二〇〇二）、（ハーヴェイ 二〇〇三）も参照。

（3）ただし、ハーヴェイは次のように言う。「人の認識するトラウマには、基本的に喪失が含まれている。すべての喪失がトラウマであるとは限らないが、すべてのトラウマは喪失を伴うのである」（ハーヴェイ 二〇〇三：6）。

（4）たとえば齋藤は、性被害の被害者が、「社会や他者への信頼」や「[本来あるはずだった] 人生」を失ったと感じていることを、インタビューを通じて明らかにする。ただしこの場合も、先に指摘したように、失ったものの輪郭づけは難しく、人や見方によって異なりうる（齋藤 703）。

（5）ほかにも、Keeping や Ratcliffe（2020）がそうである。

（6）アティグは、死別した人について次のように言う。「もはや有効でない考えや行動を保つことによって対処すれば、幻想のなかに生き、現在にではなく過去に生きることになる」（アティグ 140/170-1）。

（7）メルロ＝ポンティも、老人についてではないが、過去の自分への固執について次のように述べる。「一切の現在のなかで［一時期の］ある一つの現在だけが［…］他の現在を押しのけて、それらの現在から真正な現在としての価値を奪いとってしまう。われわれは、かつてあの青春の恋のなかに巻き込まれていた人、あるいはかつてあの家族的世界のなかに生きていた人そのままでいまもありつづけている」（メルロ＝ポンティ 112/150）。

（8）ただし、一章で見てきたトラウマ的出来事／身体の一部の喪失／老いは、それぞれ、喪失が誰の目にも明らかではない／完全な喪失ではない／悲嘆や恋慕がないか弱い点で、死別という典型のいずれかの要素を欠いている喪失経験だと考えられるから、厳密に言えば、垂直方向と同時にじつは水平方向にもずらしていることになる（ただ、一章では基盤の喪失を明らかにするため、垂直方向

に焦点化した)。反対に、本章で見る喪失経験にも基盤の喪失は見られるから、厳密には、水平方向と同時に垂直方向へのずらしでもある。

(9) たとえばボスは、親にとって青年期の子どもが家を出ることは、曖昧な喪失(第一のタイプ)のひとつになりうると言う(同16-18,77)。獲得と表裏一体の喪失については(レイク他53)を参照。

(10) たとえば、T. A. Rando, ed. *Clinical Dimensions of Anticipatory Mourning*, Research Pr Pub, 2002, ボーヴォワール『おだやかな死』(une mort très douce)(紀伊國屋書店)を参照。

(11) 「近所の人はこんなふうに言う。[…]「あなたには、夫と子どもがいる。他に誰か、必要なの?」「あなたは、母親が生きていることに感謝すべきだ。たとえ、[以前の] 母親に再び会うことがないとしても。」など、あげればきりがない。部分的な喪失は、容易には他の人たちによって理解されることはなく、したがって、それらを経験している人たちを、さらにいっそう困惑させるものなのである」(ボス74)。

参照文献

T. Attig, *How We Grieve: Relearning the World*, Oxford University Press, 1996.／『死別の悲しみに向き合う』大月書店、一九九八年

P. ボス『「さよなら」のない別れ 別れのない「さよなら」—あいまいな喪失—』学文社、二〇〇五年 (P. Boss, *Ambiguous Loss: Learning to Live with Unresolved Grief*, Harvard University Press, 1999)

S. de Beauvoir, La vieillesse, Gallimard, 1970／『老い』(下) 人文書院、二〇一三年

K. J. Doka, *Disenfranchised Grief: New Directions, Challenges, and Strategies for Practice*, Research Press, 2002.

J. H. ハーヴェイ『喪失体験とトラウマ—喪失心理学入門』北王路書房、二〇〇三年

J. H. ハーヴェイ『悲しみの言葉を—喪失とトラウマの心理学』誠信書房、二〇〇二年

R. Janoff-Bulman, *Shattered Assumptions: Towards A New psychology of Trauma*, The Free Press, 1992.

J. Keeping, "The time is out of joint: a hermeneutic phenomenology of grief: A Hermeneutic Phenomenology of Grief," *Symposium*, Vol. 18, Issue 2, Fall 2014.

N. レイク、M. ダヴィットセン＝ニールセン『癒しとしての痛み—愛着・喪失・悲嘆の作業』岩崎学術出版社、一九九八年

M. Merleau-Ponty, *Phénoménologie de la perception*, Gallimard, 1945. /『知覚の現象学Ⅰ』みすず書房、一九六七年
中　真生「老いゆくこと、他者との関係―「ずれ」の経験と葛藤」稲原美苗他編著『フェミニスト現象学』ナカニシヤ出版、二〇二三年
中　真生「喪失という攪乱―死別を中心に」荒畑靖宏・吉川孝編著『あらわれを哲学する』晃洋書房、二〇二三年
小澤　勲『痴呆老人から見た世界―老年期痴呆の精神病理』岩崎学術出版社、一九九八年
C. M. パークス『改訂 死別―遺された人たちを支えるために』メディカ出版、二〇〇二年
M. Ratcliffe, "Towards a phenomenology of grief: Insights from Merleau-Ponty", *European Journal of Philosophy* vol.28, issue 3, 2020.
M. Ratcliffe, "Relating to the dead: social cognition and the phenomenology of grief," in T. Szanto & D. Moran ed., *Phenomenology of Sociality: Discovering the 'We'*, Routledge, 2016.
齋藤　梓「社会への信頼や人生を喪失した感覚を抱く人々―性暴力・性虐待被害」『臨床心理学』21-6 (126), 2021

現象学の新たな展開

ハイデガーとその影
――顧慮的気遣いについての一考察――

榊　原　哲　也

一　はじめに

ハイデガーの主著『存在と時間』が刊行されてから、間もなく百年になる。この間、本書が哲学・思想の分野に与えた影響はきわめて大きく、本書を抜きにして、現代哲学や現代思想を語ることはできないと言っても、過言ではない。

しかし本書の影響は、哲学・思想の分野にとどまるものではない。たとえば、看護学においては、それが学問として独立して学術研究が盛んになるなか、病いを患う患者や患者をケアする看護師の「生きられた経験」を、当事者の視点からできる限り明らかにしようとして、一九七〇年代ごろから現象学という哲学が注目されるようになった(cf. Thomas & Pollio (2002), 9ff.)。そうした流れの中でアメリカの看護学者ベナーが、ドレイファスのハイデガー解釈を通じて本書の思想を摂取し、ルーベルとの共著 *The Primacy of Caring*（以下、邦訳名の『現象学的人間論と看護』と表記）において、卓越した現象学的看護理論を展開したことは比較的よく知られている。

筆者は、かれこれ二十年あまり前にこの『現象学的人間論と看護』という書物に出会ったことをきっかけに、看護の営みへの現象学的アプローチに関心を持ち、さまざまな現象学的アプローチについて方法論的考察を行なったり（榊原 2011）、自ら看護師にインタビューした結果を現象学的に分析・考察したり（榊原 2015）、ベナーへのハイデガーの影響について考察を展開したりしてきた（榊原 2020a）。

しかし、そうしたなかで、ハイデガーの『存在と時間』という書物が、看護という営みの現象学的解明にきわめて有効な視点をいくつも提供しうることは明らかであるものの、看護や、広く日常のさまざまなケアという事象に照らしてみると、『存在と時間』で展開された思想――とりわけ他者への顧慮的気遣いをめぐる思想――には、必ずしも十分とは言えない側面があることにも気づくことになった。ハイデガーが定式化した「事象そのものへ！」という現象学の格率が、事象を「それ自身が自分を示すとおりに、それ自身のほうから見えるようにさせること」を意味し(SZ, 27, 34)、「事象そのものへ！」とは「事象そのもののほうから」ということでもあるとすれば[1]、ケアという事象のほうから『存在と時間』の思想を検討し直すことも、まさに現象学の格率に適ったことであると言えるのではないか。

かつて、メルロ＝ポンティは、フッサールという哲学者が「考えないでしまったこと (un impensé)」を「古い本の幾頁かの余白に浮かび上がらせる」ことを目指して、「哲学者とその影」[2]という小論を書いたが、本稿は、『存在と時間』のとりわけ「顧慮的気遣い」の思想を、ケアという事象を念頭に置きながら、あらためて検討し、そのことを通じて、ハイデガーが「考えないでしまったこと」、あるいは「まだ考えられないでいること (das Noch-nicht-Gedachte)」(ibid.)、そしてその後のハイデガー研究者も指摘せずに済ませてきたことの一端を明らかにしようとする試みである[3]。具体的には、ハイデガーが他者への「顧慮的気遣い」について、その積極的な様態における二つの極端な可能性を抽象的に記述しただけで、これら両極のあいだに位置づけられる私たちの日常的な他者への気遣いについて分類や記述を行わなかったのに対して、本稿では、顧慮的気遣いについて、それが他者の何をどのように気遣う気遣いなのかという観点から、より詳細な考察を試みる。また、ハイデガーが顧慮的気遣いを導く

RücksichtとNachsichtという見方について、わずか数行の記述しか残さなかったのに対して、本稿ではこれらが具体的にどのような見方であるのか、またこれら二つの見方の成り立ちを十分に明らかにするためには、さらにどのような考察が必要なのかを示すことを試みる。

これらの試みを通じて、今日における「現象学の新たな展開」の一面を示すことができれば幸いである。

二　他者はどのように出会われるのか

『存在と時間』において、「顧慮的気遣い(Fürsorge)」とは、他者(すなわち他の現存在)への気遣いを表す術語である(vgl. SZ,121)。しかし、顧慮的気遣いという在り方が起動するためには、まずもって「他者」が現れてこなければならない。ではいったい、「他者」はどのように出会われるのだろうか。

ハイデガーによれば、他者はさしあたり、世界のほうから道具的存在者と「ともに出会われる」(SZ, 117)。とすれば、他者がどのように出会われるのかを明らかにするためには、まずもって、世界のほうから道具的存在者が出会われてくる仕方を確認しなければならない。

二―一　道具はどのように出会われるのか

『存在と時間』は、そのつどの私たち一人ひとりを「世界内存在(In-der-Welt-sein)」(SZ, 53)する「現存在」として規定する。この場合の「世界」とは、現存在がそのつどそのうちで生活している慣れ親しんだ自らの存在の場であるが(vgl. SZ, 65, 54)、ハイデガーによれば、そうした「世界」は、「〜するための」ものという意味を帯びた諸々の道具の有意味な道具連関、すなわち「有意味性(Bedeutsamkeit)」(SZ, 87)の連関である。私たち現存在は、そのつどそうした馴染みの世界のほうから、「何かをするため」の諸々の道具によって「働きかけられ(angegangen)」「気分」づけられながら(SZ, 134, 137f.)、世界とその内に存在する自己を了解し、世界内部的存在者としての諸々の「道具」に対して、そのつど「企投」(SZ, 145) という仕方で態度を取っているのである。

ハイデガーによれば、もろもろの事物は、いわば初めからそうした「道具」として出会われるのであり、まずもって物理的な物体（＝「事物的存在者 (Vorhandenes)」）として現われ、それに対して「〜するための道具」という意味があとから付加されるのではない。諸事物は、つねにすでに何かをするために適した道具という意味（＝「適所性 (Bewandtnis)」）(SZ, 84) を帯び、しかももろもろの道具の有意味な全体的連関（＝「適所全体性」）のなかに位置づけられ、その全体的連関のほうから「適所性」を具えた「道具」として現われてくるのである。

しかし、それはどうしてであろうか。ハイデガーによれば、諸事物が「道具」として出会われてくるのは、現存在がそのつど「配慮的気遣い (Besorgen)」という在り方をしているからである。

配慮的気遣いとは、「何かに関わり合う、何かを製作する、何かを整えたり世話したりする、何かを用いる、企てる」といった現存在の広範にわたる日常的な世界内存在の在り方であるが (SZ, 56-57)、この在り方において、現存在は、物事に従事し、道具を用立てたり使用したりするときのものの見方、すなわち諸事物の全体的な道具連関（＝適所全体性）と個々の事物の道具的性格（＝適所性）を見抜くようなものの見方をしている。ハイデガーは、こうしたものの見方を、とくに「配視 (Umsicht)」と術語化したが (SZ, 69)、以上からすれば、現存在がそのつど何らかの「配慮的気遣い」という在り方をしており、「配視」というものの見方をしているからこそ、身の回りの世界のなかの諸事物は、物体のような理論的認識の対象としてではなく、「何かをするため」に使用されたり製作されたりする「道具 (Zeug)」——たとえば文房具や裁縫道具、工作用や測定用の道具、乗り物としての道具、医療器具等——として出会われてくるのである (SZ, 66-68)。

二―二　道具とともに他者たちが出会われる

そのうえで、ハイデガーは、こうした道具とともに他者たちも「共に出会われる」と述べる (SZ, 117; Vgl. auch

SZ, 123)。どういうことだろうか。

たとえば、岸に繋がれたボートは、水上での乗用に適した道具として私に現われるが、同時にそれは、そこに誰もいなくても、それに乗って漕ぎ出ようとする誰か、しかもそのボートを用いようとするその誰かの配慮的気遣いをも指示するものとして現われている。また着用のための衣服も、ただそこに衣服だけが置かれていても、それが特定の着用者の「身体に合わせて裁断されている」以上、それを作製した人や、着用されるべき人、さらにそれらの人々の衣服へのそれぞれの配慮的気遣いを指示するものとして現われる(vgl. SZ, 117-118)。ハイデガーによれば、このように、私たちが配慮的気遣いという在り方において、配視という見方をして、諸事物が何かをするための道具として現われてくる際には、同時に、暗黙裡にではあれ、その道具を作製した人やそれを用いる人も「共に出会われて」いる。しかもその際、そうした人々は、その道具を作製したり利用したりするという仕方で〈配慮的に気遣う者〉として現われてくるのである。

このことは、私たちが日常、配慮的気遣いという在り方において、配視という見方をしていることによって、身の回りの世界が道具連関として現われてくる際には、たとえそこに誰もいない場合でも、それらの道具を作製したり利用したりする者としての他者たちが、自分と同じように〈何かを配慮的に気遣う者〉という意味を帯びてすでに共に現われている、ということを意味する。ハイデガーによれば、「世界」は、そのつどつねにすでに、何らかの道具の全体的連関であるとともに、「私が他者たちと共に分かち合っている世界」すなわち「共世界(Mitwelt)」であり、私は世界内存在として、つねに「他者たちと共にある共存在(Mitsein mit Anderen)」である。他者たちも、私という現存在と共に存在している「共現存在(Mitdasein)」であり(SZ, 118)、しかもその他者たちは、私と同様、そのつど何かを配慮的に気遣っている者なのである。

三　顧慮的気遣い

ハイデガーは、このような他者たちへの気遣いを「顧慮的気遣い（Fürsorge）」と術語化した（SZ, 121）。配慮的気遣いにおいては、出会われてくる道具が、調達されたり作製されたり使用されたりといった仕方で気遣われるのに対して、他者は道具のように、用立てたり使用したりといった仕方で気遣われるのではないからである。

三―一　顧慮的気遣いの欠損的な諸様態

それでは、顧慮的気遣いにおいては、他者の何が、どのように気遣われるだろうか。たんに「他者への気遣い」と言っても、他者の何がどのように気遣われるのかが分からなければ、顧慮的気遣いという在り方を十分に理解したことにはならないであろう。

まず、注意しなければならないのは、「現存在が、差しあたってたいていは、顧慮的気遣いの欠損的な諸様態（defiziente Modi）のうちに自らを保っている」（SZ, 121）ということである。「欠損と無関心の諸様態（Modi der Defizienz und Indifferenz）」とは、ハイデガーによれば、「互いに素通りし合ったり（Aneinandervorbeigehen）、互いに何ら心にかけ合わなかったりする（Einander-nichts-angehen）」在り方であるが、こうした諸様態こそ、「日常的で平均的な相互共存在」を規定しているのである（SZ, 121）。ただしその場合でも、他者たちは「純然と事物的に存在している」ものとして出会われるのではなく（SZ, 121）、自分と同じように何かを気遣いつつ存在している「現存在」として出会われる（vgl. SZ, 118）。ただ彼らを何ら心にかけなかったり、彼らの元を素通りしたりするだけなのである。これはたとえば、渋谷のハチ公前交差点を横切ろうとするとき、そこにあふれている人々が自分にどのように現われてくるかを想起すれば、容易に理解されることだろう。

このように、現存在の日常的で平均的な相互共存在の在り方においては、他者たちは素通りされ心にかけられておらず、取り立てて気遣われてはいない。そのため、ハイデガーは次のように述べる。「差しあたってたいてい顧慮的気遣いは、欠損的な諸様態か少なくとも無差別的な諸様態——すなわち互いに素通りしあう無頓着(Gleichgültigkeit des Aneinandervorbeigehens)という在り方——をとっている」ために、相手を本質的に身近に知るには、まずもって「互いに知り合うこと(Sichkennenlernen)」が必要であると(SZ, 124)。こうして初めて、特定の他者への関心が生じ、顧慮的気遣いが積極的な様態で起動すると考えられる。

三―二　顧慮的気遣いの積極的な様態①——跳び込んで尽力する

それでは、顧慮的気遣いの積極的な様態においては、他者はどのように気遣われるのであろうか。ハイデガーは、他者を気遣う顧慮的気遣いの「積極的な様態」として、「二つの極端な可能性」に言及しているので、まずはその一方の記述を見てみよう。

顧慮的気遣いは、特定の他者から「気遣い」をいわば取り去って(abnehmen)、その他者に代わって配慮的気遣いの内に身を置き、跳び込んでその他者の代わりに尽力する(*einspringen*)ことがある。こうした顧慮的気遣いは、配慮的に気遣われるべき当のことがらをその他者に代わって引き受ける(übernehmen)のである。この他者はそのさい自分の居場所から追い出され、引き下がることによって、その結果、配慮的に気遣われたものを意のままになるように仕上げられたものとしてあとで受け取ることになるか、もしくは配慮的に気遣われたものから全く免除されてしまうことになる。そうした顧慮的気遣いにおいては、その他者は、依存的で支配を受ける人になることがありうる。たとえ、この支配が暗黙のうちのものであって、支配を受ける人には秘匿されたままであろうとも、そうなのである。跳び込んで尽力し、「気遣い」を取り去ってしまうこの顧慮的気遣いは、相互共存在を広範囲にわたって規定しており、またそれは、たいていの場合、道具的存在者を配慮

的に気遣うことに関係している。(SZ, 122)

この「顧慮的気遣い」は、何らかの特定の他者から「気遣い」を取り去って、その他者の代わりに「配慮的気遣い」のうちに身を置き、その他者が配慮的に気遣うべき事柄を引き受けて尽力する。したがって、たいていの場合、その他者の代わりに、何らかの道具的存在者を配慮的に気遣うのである。

たとえば、子供の食事や衣服を用意するという仕方で子供をケアする行為が、このタイプの顧慮的気遣いに当たるだろう。子供が空腹で食事を求める在り方は、子供自身の食物への配慮的気遣いであり、子供が学校に着て行く衣服を探すふるまいは、子供自身の衣服への配慮的気遣いに他ならない。子供のために親が食事や衣服を用意してあげるとすれば、それは、子供の食事や衣服への配慮的気遣いのうちに親が身を置いてそれを自身で引き受け、食物や衣服という道具的存在者を用意するという仕方で子供の代わりに配慮的に気遣うわけである。

しかし、ハイデガーは、この顧慮的気遣いが行き過ぎた場合、「支配」と「依存」の関係を生み出しかねないことに注意を促す。親が行う子供への食事や衣服の世話は、子供が幼い場合は必要不可欠だが、十分に成長した子供の場合、子供が自分で行いうる配慮的気遣いを取り去ってしまい、子供が親に依存し、また親が知らず知らずのうちに子供を支配する関係になりかねない。しかし、ハイデガーは、この種の顧慮的気遣いが、私たちの「相互共存在」を「広範囲にわたって規定している」と述べる。私たちが日常、積極的に他者を気遣う、他者をケアするという場合の多くで、このタイプの気遣いがなされているのである。

ベナーらが指摘するように、このような顧慮的気遣いは、看護ケアにおいてもしばしば見られる。患者の疾患が重篤な場合、看護師は食事や着替え、排尿・排便など様々な場面で患者が配慮的に気遣っていることがらのうちに「跳び込んで」引き受けるしかない (PC, 49/56)。しかし、ベナーらも、この種の引き受けが、看護する側かされる側が原因で「必要な一線を越えてしまいがち」で、「支配と依存の関係」、さらには「抑圧」にさえ容易に転化してしまうと指摘している。しかし、看護ケアにおいてもこのタイプの顧慮的気遣いが、広範囲にわたって行われているし、とりわけ患者の疾患が重い場合は、不可欠でもあるのである。

ハイデガーは、このタイプの顧慮的気遣いを「跳び込んで尽力し支配する顧慮的気遣い (einspringend-beherrschende [Fürsorge]」と術語化するが (SZ, 122)、それでは、このタイプの顧慮的気遣いにおいては、他者の何がどのように気遣われていると言えるだろうか。

跳び込んで尽力するこのタイプの顧慮的気遣いは、たいていの場合、何らかの道具的存在者を配慮的に気遣う。しかしそれは、他者の配慮的気遣いそのものを気遣って、その他者によって配慮的に気遣われているものを、その他者の代わりに配慮的に気遣っているのだ。したがって、跳び込んで尽力するこの種の顧慮的気遣いにおいては、行き過ぎて支配したり抑圧したりする場合も含め、他者によって配慮的に気遣われているものをその他者の代わりに配慮的に気遣うという仕方で、他者の気遣いそのものが気遣われているのである。

三―三　顧慮的気遣いの積極的な様態②――先に出て跳んで解放する

それでは、もう一方の極端な可能性のほうはどうだろうか。ハイデガーの記述を見てみよう。

> これに対して、特定の他者の代わりに跳び込んで尽力するというよりは、その他者が実存的に存在しうるというその点において前もってその他者の先に出て跳ぶ (*vorausspringen*) ような、そうした顧慮的気遣いの可能性が成り立つのだが、これは、その他者から「気遣い」を取り去るためではなく、その他者に「気遣い」を気遣いとしてまずは本来的に返してやるためなのである。こうした顧慮的気遣いは、本質的にはその他者の本来的な気遣いに――言い換えれば、その他者の実存に関係するのであって、その他者が配慮的に気遣っている何かに関係するのではない。そしてそのような顧慮的気遣いは、その他者が自分の気遣いにおいて自分を見通

し、自分の気遣いに向かって自由になれるよう、その他者を助けるのである(SZ, 122)。

このタイプの顧慮的気遣いは、何らかの特定の他者が配慮的に気遣っている事柄に関わって、その他者の代わりに尽力して何かを配慮的に気遣うのではない。そうではなく、その他者が「実存的に存在しうる」というその点において、「前もってその他者の前に出て跳んで」、その他者の「本来的な気遣い」に関係しようとし、その他者が実存として自分を気遣いつつ自分を見通し、自分の気遣いのために・自分の気遣いに向けて自由になれるように、その他者を助けるのである。この場合の「本来的な気遣い」が何を意味するのか、また「前もってその他者の先に出て跳ぶ」とはどのようなふるまいであるのかについては、すでに別の機会に詳細かつ批判的に論じたことがあるが[4]、今は措く。日常のケアという事象に即して考察を展開していこうとする本稿では、世人のように他者たちとの区別や距離を気遣って平均的であろうとすることなく、自分で自分を気遣い、自らの在り方を自分で選び取ろうとする自分の実存への気遣いが「本来的気遣い」であり、また、その他者が実存として自分の在り方を自分で選び取っていけるよう、その在り方へと先駆けつつその他者に関わっていくことが、「前もってその他者の先に出て跳ぶ」ことだと理解しておく。すると、このタイプの顧慮的気遣いは、他者が自分を気遣いつつ自分を見通し、実存として自分の在り方を自分で選び取って自分を気遣うことができるように、その在り方へと先駆けつつその他者を支援し、そのことによって、その他者が自分で自分らしくいられるよう解放しようとする気遣いであると解釈することができる[5]。

ハイデガーはこのタイプの顧慮的気遣いを「先に跳んで解放する顧慮的気遣い (vorspringend-befreiende [Fürsorge])」と術語化しているが (SZ, 122)、それでは、この顧慮的気遣いにおいては、他者の何がどのように気遣われているのだろうか。

「先に出て跳んで解放する」この顧慮的気遣いにおいては、「跳び込んで尽力する」顧慮的気遣いのように、その他者が配慮的に気遣っている何かに関わっていくわけではない。しかし、その他者の「本来的気遣い」「実存」に関わって、その他者が自分で自分を本来的に気遣えるよう援助する。したがって、「跳び込んで尽力する」顧慮的気遣いと同様、この顧慮的気遣いにおいても、その他者の気遣いそのものが気遣われていることに変わりはない。しかし、「先に出て跳んで解放する」顧慮的気遣いの場合は、その他者の本来的気遣いを、ときに前もってその他者にも先駆けるという仕方で気遣うのである。

ハイデガーによれば、さらに、「日常的な相互共存在」は、以上述べた「積極的な顧慮的気遣いの二つの極端〔…〕の間に保たれており、多様な混合形態を示してくる」(SZ, 122)。したがって、私たちが日常相互に共に存在しているなかで他者を気遣うさまざまな在り方は、「跳び込んで尽力する」顧慮的気遣いと「先に跳んで解放する」顧慮的気遣いという両極端の中間に位置づけられ、両者が多様に混じりあった仕方で生起する。しかし、そうであるとすれば、日常の私たちの他者に対する顧慮的気遣いは、いずれの場合も、その他者の気遣いそのもの――道具への配慮的気遣いであれその人自身の実存への本来的気遣いであれ――が気遣われるということができるだろう。ただ、他者のどのような気遣いが気遣われるのかに応じて、その気遣い方が、「跳び込んで尽力する」仕方になったり、「先に出て跳んで」その人自身であることができるよう「解放する」仕方になったり、あるいはそれらが混じり合った仕方になったりして、多様な形態を示すのである。

四　顧視と追視

さて、特定の他者への積極的な顧慮的気遣いが、以上のように、その他者の気遣いそのものを気遣うのだとすれば、そうした顧慮的気遣いが成り立つためには、「互いに知り合うこと」によってその他者への関心が生じたとき、その他者が何を気遣っているのか、その他者の気遣いが見て取られ、了解されなければならない。ハイデガーは、「配慮的気遣いには道具的存在者を暴露する仕方として配視(*Umsicht*)が属しているのと同様に、顧慮的気遣いは、*Rücksicht*と*Nachsicht*によって導かれている」と述べる (SZ, 123)。配視とは、すでに述べたように、諸事物の全体的な道具連関（＝適所全体性）と個々の事物の道具的性格（＝適所性）を見抜くようなものの見方のことであった。日常の私たちにとって、さまざまな事物が何かをするための道具という意味を帯びて現われてくるのは、私たちがそのつど「配慮的気遣い」という在り方をしており、「配視」という見方をしているからなのである。これに対して、顧慮的気遣いが*Rücksicht*と*Nachsicht*に導かれているとすれば、——先に考察したように顧慮的気遣いが他者の気遣いそのものを気遣う在り方である以上——両者は、他者の気遣いを見て取る見方であると理解しなければならない。

ところが、残念なことに、この点に関するハイデガーの記述は、配慮的気遣いと配視の記述と較べると、きわめて簡素で、ドイツ語の原文でわずか数行にすぎない。先に引用した部分も含め、まずはドイツ語の全文を引用する。

Wie dem Besorgen als Weise des Entdeckens des Zuhandenen die *Umsicht* zugehört, so ist die Fürsorge geleitet durch die *Rücksicht* und *Nachsicht*. Beide können mit der Fürsorge die entsprechenden defizienten und indifferenten Modi durchlaufen bis zur *Rücksichtslosigkeit* und dem Nachsehen, das die Gleichgültigkeit leitet. (SZ, 123)

まず、問題になっている第一文の*Rücksicht*と*Nachsicht*を、尊敬する原佑・渡邊二郎訳は「顧視」と「寛大視」と訳し（三一六頁）、辻村公一訳は「尊重してみること」と「大目に見ること」（一八九頁）、高田珠樹訳は「顧みる」と「大目に見る」（一八三頁）、熊野純彦訳は「かえり見」と「見まもり」と訳し、熊野は「見まもり」を「あれこれと面倒をみたり、また大目に見ること」と解説している（九九—一〇〇頁）。しかし、いずれの訳も、*Rücksicht* と *Nachsicht* が他者の気遣いを見て取る二つの見方であることを十分に理解した訳であるようには思われない。また、第二文でこれら両者の「欠損的で無差別的な諸様態」とその行き着く先のことが述べられるのであるから、第一文の *Rücksicht* と *Nachsicht* は、積極的な様態について述べていると理解すべきである。しかし、そうだとすれば、*Nachsicht* を「寛大視」「大目に見ること」などと訳してしまっては、その欠損的で無差別的な様態であるNachsehenと明確な区別がつかなくなってしまうと思われるが、どうだろうか。実際、*Nachsicht* の欠損的・無差別的な諸様態が行きつく先として第二文で述べられるNachsehen, das die Gleichgültigkeit leitet というフレーズを、多くの邦訳はかなり無理をして訳しているように筆者には感じられる。原・渡邊訳は「投げやりな無頓着を導く甘やかしの温情」（三一七頁）、高田訳は「大目に見てやる度量の広さが投げやりに繋がる」（一八三頁）、熊野訳は「無関心を導く、〔なにもかも〕見てやること」（一〇〇頁）である。

しかし、そもそも *Rücksicht* と *Nachsicht* が他者の気遣いを見て取る二つの見方であるとすれば、他者の気遣いを見て取ろうとするとき、私たちが具体的にどのようにしているのかを想い起しつつ、これらの語は理解されるべきだろう。

私たちは、他者が何を気遣っているのかを見て取ろうとするとき、まずもってその人の身体的なふるまいや物言い――すなわち言動――を顧みたり、先を追ったりして、よく見ようとするのではないだろうか。子供が何か食べたいと言っている、学校に出かける前に下着姿で何かを探している、そうした言動を見て、その子供自身の食事や衣服への配慮的気遣いを見て取るのではないだろうか。また子供が食事するのを追って見ていき、料理を食べ終わって満足そうな顔をしたり、「お腹がいっぱいになった」と言ったりするのを見届けることで、子供の食事を配慮的に気遣う親の子供への顧慮的気遣いは完遂されるのではなかろうか。そうだとすれば、Rück- と Nach- が対になっている語の成り立ちも踏まえ、*Rücksicht* は他者のこれまでの言動を顧みること、*Nachsicht* のほうは他者のその後の言動を追って見ていくことだと理解すべきだろうと思われる。訳語としては、Rücksicht は「顧視」で良いが、Nachsicht は「追視」と訳すのが、事象に即してより適切だろう。

第二文は、他者のこれまでの言動を積極的に顧みる「顧視」と、他者の今後の言動を積極的に追って見ていく「追視」という見方が、積極的な様態から欠損的で無差別的な諸様態へと顧慮的気遣いとともに段階的に経過していく、その行き着く先を示している。他者のこれまでの言動を積極的に顧みる「顧視」の行き着く先は、*Rücksichtslosigkeit* である。これは、他者のこれまでの言動に全く無関心になり、まったく顧慮しないこと（＝無顧視）を意味していると考えられる。「傍若無人に振舞う」（原・渡邊訳、三一六―三一七頁）、「〈他人を尊重して見ることを失った〉傍若無人」（辻村訳、一八九頁）などという意味を加える必要は全くない。他方、他者の今後の言動を積極的に追って見ていく「追視」の行き着く先は、Nachsehen, das die Gleichgültigkeit leitet、すなわち、もはやその他者の今後の言動を追って見ていかずに「大目に見て」「無頓着」に至る見方である。こちらも、「甘やかしの温情」などという（積極的な様態を示しかねない）余計な意味を加える必要はない。

顧慮的気遣いが他者の気遣いそのものを気遣う在り方であり、顧視と追視は他者の気遣いを見て取る見方に他ならないこと、また顧慮的気遣いには積極的な諸様態と欠損的で無差別的な諸様態とが段階的にあって、それに応じて顧視と追視も諸様態が在ることを踏まえれば、以上のことが容易に明らかになるはずである。これらを踏まえた当該部分の筆者による試訳は以下の通りである。

> 配慮的気遣いには、道具的存在者を発見する仕方として、配視が属しているのと同じように、顧慮的気遣いは、〔他者のそれまでの言動を顧みる〕顧視と〔他者のこれからの言動を追っていく〕追視によって導かれている。両者は、顧慮的気遣いとともに、各々対応する欠損的で無差別的な諸様態を経過して、ついには一方で〔他者のこれまでの言動を全く顧みない〕無顧視に、また他方では〔他者のこれからの言動を〕大目に見ることが高じて〔全くの〕無頓着に至ることがある。(SZ, 123)

五　顧視と追視の成り立ち

以上の考察によって、「顧視」が他者のそれまでの言動を顧みてその人の気遣いを見て取る見方であり、「追視」が他者のこれからの言動を追って見ていくことでその人の気遣いの行方を見ていく見方であって、これらの見方によって顧慮的気遣いが――「跳び込んで尽力する」仕方で、あるいは「先に出て跳んで解放する」仕方で、さらにはそれらの混合形態において――立ち上がり、導かれることが明らかになった。

しかし、他者のそれまでの言動を顧みる顧視によって、また他者の今後の言動を追って見ていく追視によって、その他者の気遣いが見て取られるのは、いったいどのようにしてであろうか。他者の気遣いを見て取る顧視や追視はどのように成り立っているのだろうか。その他者が言葉で自身の気遣いについて語っているのであれば（例えば「ああ、お腹空いた〜。なんか食べたい」、「明日、学校にもっていく体操着、どこだろう?」、「僕はこの人生をどう生きていくべきか?」等）、その語りを通してその他者の気遣いは了解されるであろう。しかし、他者の言動は、言葉によるものばかりではなく、身体的なふるまいだけの場合もある。そのような事例を、看護ケアの研究の中から挙げてみよう。

五―一　看護の事例から

以下に挙げるのは、看護師である齋藤貴子氏（以下、敬称略）が博士論文のための研究において、整形外科病棟に勤務する看護師Aさんに付いて参与観察をしていた時の事例である。[6]

中国語のみを話し日本語が全く通じないニャンさん（仮名）は、大腿骨骨折により人工骨頭置換術を受け、膀胱留置カテーテル（バルン）をつけていた。すでに歩行器でトイレに行くことはできていたが、今の状態では歩行が不安定なため、トイレに行くときにはナースコールで看護師を呼ぶようニャンさんに伝えたいのだが、日本語を理解しないニャンさんには伝わらず、看護師たちの間で、ニャンさんにどう説明し、理解してもらうかが、話し合われていた。そのような状況のなか、以下の出来事が起こった。

齋藤が病室に赴くと、ニャンさんが自分のハルンバック〔バルンを通じて排泄した尿を溜めておくバッグ〕を持って立っていたのが見えた。看護師Aさんは、その姿を見るや否や、部屋の奥にある歩行器に手を伸ばしてつかみ、「あっち?」と廊下のほうを指しながらニャンさんに尋ねたが、ニャンさんは応答しない。Aさんは歩行器をニャンさんが立っている位置まで届け、ニャンさんの正面に合わせて歩行器の位置を調整する。するとニャンさんは「シェイシェイ」と謝意を表した。そして、その歩行器にハルンバックを慣れた様子で引っ掛け、ニャンさんは歩行器にさほど頼らずに廊下のほうに向かっていった。そこでAさんと齋藤は、だいたい三メートルの距離を保って、後ろからニャンさんについていった。そしてニャンさんの歩容を見て、Aさんは「できているな」、齋藤は「上手ね」と言いながら、トイレの中に入るのを見届けた。

この事例では、ニャンさんが自分のハルンバックを持って立っていたのを見たとき、Aさんは瞬時に部屋の奥にある歩行器に手を伸ばし、それをニャンさんのもとにもっていったわけだが、このAさんの行為は、ニャンさんのふるまいから、どこかに（おそらくはトイレに）行くことを企てるニャンさんの意図（配慮的気遣い）を見て取って、ニャンさんのもとに歩行器をもっていった「跳び込んで尽力する」顧慮的気遣いに他ならない。このとき、自分のハルンバックをもって立っているニャンさんのふるまいのうちに、ニャンさんのこの意図（配慮的気遣い）をAさんが見て取ることができたのは、察するに、これまでにも何度か自分でトイレに行こうとしたが、歩行が不安定であるためにAさんや他の看護師によるサポートを受けて、歩行器でトイレに行ったニャンさんのこれまでのふるまいを、Aさんが（瞬時にではあれ）顧みた（あるいはそのことがAさんの脳裏をよぎった）からであろう。この顧視によって、ニャンさんがハルンバックを持って立っていた姿から、Aさんはニャンさんの配慮的気遣いを見て取った。そして、ニャンさんのもとに歩行器をもっていくという配慮的に気遣う顧慮的気遣いが起動したのだと考えられる。ちなみに、Aさんがニャンさんの配慮的気遣いを正しく見て取ったことは、自分の正面に歩行器が据えられたことでニャンさんが「シェイシェイ」と謝意を述べていることから明らかである。

また、歩行器を与えられたニャンさんは、その歩行器にハルンバックを慣れた様子で引っ掛け、歩行器にさほど頼らずに廊下のほうに向かっていった。Aさんと齋藤は、だいたい三メートルの距離を保って、後ろからニャンさんについていき、ニャンさんがトイレに入るのを見届けたが、これは、ニャンさんのふるまいのうちに見て取った、どこかに（おそらくはトイレに）行こうと企てる意図（配慮的気遣い）の行方を見て取ろうと、ニャンさんのふるまいを文字通り追って見ていく「追視」に他ならない。ニャンさんは日本語を全く解さず、自分の配慮的気遣いを言葉で表現しなかったので、これまでのふるまいを顧みる顧視によっておそらくトイレに行きたいだろうということは推測されていたとはいえ、どこに行きたいのか、明確なことは分かっていなかった。しかし、ニャンさんがトイレに入るのを見届けることで、ニャンさんの意図（配慮的気遣い）が「トイレに行きたい」ということだったことも明らかになった。いずれにせよ、ニャンさんのふるまいを追って見ていく追視によって、ニャンさんの配慮的気遣いを気遣うAさんの（そして齋藤の）顧慮的気遣いが導かれ、完遂されたのである。

五―二　顧視と追視を支える身体性の次元

前項の考察で、看護ケアの事例を参照することで、他者の言動が身体的ふるまいのみである場合の顧視と追視がどのようなものであるのか、そしてそれに導かれて顧慮的気遣いがどのようになされるのかが、具体的に明らかになった。しかし、ここではさらに次のことを問うてみたい。

ニャンさんが自分のハルンバックをもって立っている姿を見て、Aさんは、どこかに（おそらくはトイレに）行くことを企てるニャンさんの意図（配慮的気遣い）を見て取った。それは先に論じたように、おそらく、これまでにも何度か自分でトイレに行こうとしたが、歩行が不安定であるためにAさんや他の看護師によるサポートを受けて、歩行器でトイレに行ったニャンさんのこれまでのふるまいを、Aさんが顧視したからであろう。しかし、それだけだろうか。

ニャンさんの立ち姿を見て、Aさんは廊下のほうを指しながら「あっち？」とニャンさんに尋ねていた。とすれば、ニャンさんは立ち上がり、自分が寝ていたベッドのほうではなく、廊下のほうに身体を向けていたのであり、Aさんは、ニャンさんが立って廊下のほうを見ているのを見たのだと推察される。しかし、それはいかにして可能だろうか。

Aさんとニャンさんの立ち位置は異なるので、ニャンさんの視野と正確に同じ視野をAさんが共有することはできない。しかし、メルロ＝ポンティによれば、他者のふるまいの意味や意図は、自己の身体によって了解される。彼は『知覚の現象学』において次のように述べる。

> 所作の意味は、与えられるのではなくて了解されるのであり、つまり、観察者自身の一つの行為によって把握し直されるのである。〔…〕すべてはあたかも、他者の意図が私の身体に住まっているかのように、あるいは逆に、私の意図が他者の身体に住まっているかのようにおこる。私が目撃している所作は、或る志向的対象を点描によって描き出しており、その志向的対象がくっきりと顕在化され、十全に了解されるようになるのは、私の身体の能力がその対象に調節され、それと重なるときである。〔…〕私の身体によってこそ、私は他者を了解するのである〔…〕(PP, 215f.)。

他者の身体を知覚するのも、まさしく私の身体なのであり、私の身体は他者の身体のうちに己れ自身の意図の奇蹟的な延長のようなもの、つまり世界を扱う馴染みの仕方を見出すのである(PP, 406)。

私が他者の所作を知覚するとき、あたかも他者の意図が私の身体に住まっているかのように、また私の意図が他者の身体に住まっているかのように、私は私の身体を通じて、他者のふるまいの意味と意図を了解する。私によって目撃された所作は、私の身体を通じて、その他者の志向性がどこに向かっているのかをすでに点描しており、私の身体が他者の身体にいわば重ね合わされることで、他者の志向性の向かう先が十全に了解されるのである。

以上からすれば、看護師Aさんは、自分のハルンバックを持って立っているニャンさんのふるまいを目撃することによって、Aさん自身の身体を通じて、ニャンさんが廊下のほうを見ているのを見たのである。そのことと、ニャンさんのこれまでのふるまいへの顧視とが一体となって、立ってどこかへ（おそらくはトイレに）行こうと企てるニャンさんの配慮的気遣いがAさんに了解された。否、それだけではない。ニャンさんがトイレに行こうとしたこれまでの身体的ふるまいの意図や意味も（ニャンさんは日本語をまったく話さないのであるから）同様にAさんや他の看護師の身体を通じて了解されていたことであろう。このように、他者の、とりわけ身体的なふるまいを顧みる顧視は、自己の身体を通じての他者のふるまいの了解によって成り立っているのである。

そう考えると、他者のこれからのふるまいへの追視についても同様のことが言えるように思われる。Aさんと齋藤は、ニャンさんの後ろからついていき、その歩容を見て「できているな」「上手ね」と語るが、この了解が成り立つためには、以上述べたような自己の身体を通じた他者のふるまいの了解が不可欠であろう。他者の、とりわけ身体的ふるまいを追っていく追視も、自己の身体を通じての他者のふるまいの了解によって成り立つのである。

ハイデガーは『存在と時間』において、こうしたことがらを明らかにすることはまったくなかった。しかし、以上の考察から明らかなように、他者の、とくに身体的ふるまいを見る顧視と追視の成り立ちは、そしてこれらに導かれて起動する顧慮的気遣いも、メルロ＝ポンティが明らかにしたような身体性の次元によって支えられているのである。

終わりに

本稿は、『存在と時間』のとりわけ「顧慮的気遣い」の思想を、ケアという事象を念頭に置きながら、あらためて検討し、そのことを通じて、ハイデガーが「考えないでしまったこと」、そしてその後のハイデガー研究者も指摘せずにいることの一端を明らかにしようとする試みであった。ハイデガーは、顧慮的気遣いの積極的な様態における二つの極端な可能性について抽象的に記述しただけで、これら両極のあいだに位置づけられる私たちの日常的な他者への気遣いについて分類や記述を行わなかったが、本稿では、顧慮的気遣いにおいては他者の気遣いそのものが気遣われるのであり、またそれが「跳び込んで尽力する」、あるいは「先に出て跳んで解放する」、さらにはこれらが混じり合った混合した仕方で為されることが、より具体的に明らかになった。また、ハイデガーは、顧慮的気遣いを導くとされるRücksicht と Nachsichtという見方についてわずか数行の記述しか残さなかったが、本稿では、Rücksichtが他者のこれまでの言動を顧みる「顧視」として、Nachsichtが他者のこれからの言動を追って見ていく「追視」としてその内実が明らかにされ、さらに、その言動がとりわけ身体的なふるまいである場合、顧視と追視は身体性の次元によって下支えされて成り立つことも明らかにされた。

　本稿で明らかにされたことは極めてわずかであるが、こうした仕方でハイデガーの思想を見直していくことも、現代における「現象学の新たな展開」の一側面であると筆者は考える。

註

（1）もともと現象学の創始者・フッサールの現象学が、事象そのもののほうから方法も分析も立ち上げられていたことについては、榊原（2009）を参照されたい。

（2）Maurice Merleau-Ponty, "Le philosophe et son omble", in: Merleau-Ponty (1960), pp. 201-228, esp. p. 202.

（3）ベナーが「現象学」について学んだのはドレイファスのもとでであったが、そのドレイファスも、『存在と時間』第一篇を解釈したコメンタリー『世界内存在』(Dreyfus 1991) において、本稿で論じられる顧慮的気遣いの二つの極端な可能性や、顧慮的気遣いを導くRücksicht と Nachsicht について、まったく言及していない。ベナーがハイデガーについて、ドレイファスから何をどう学んだかについては、榊原（2020a）を参照されたい。

（4）榊原（2020b）；榊原・本郷（2023）第4章。

（5）ベナーらは、このタイプの顧慮的気遣いを「その他者がこうありたいと思っている在り方でいられるようその人に力を与える」(PC, 49/56) ような気遣いであるとパラフレーズしているが、これを「その他者がそう在りたいと思っているであろう在り方へと先駆けつつ、そうした在り方でいられるよう力を与える」気遣いであると理解すれば、ここでの理解とほぼ重なるであろう。

（6）齋藤貴子（2020）、三八―四〇頁。筆者の責任において事例のみを要約した。本稿にて事例を紹介することを快く承諾してくださった齋藤氏に心から感謝申し上げる。なお、この事例に基づいて本稿で展開されている考察は、筆者自身のものである。

引用文献

Benner, Patricia & Wrubel, Judith (1989). *The Primacy of Caring. Stress and Coping in Health and Illness*, Addison-Wesley; ベナー／ルーベル『現象学的人間論と看護』難波卓志訳、医学書院、一九九九年。本書からの引用は、略号PCのあとに原著と邦訳の頁数をスラッシュで挟んで記して行う。

Dreyfus, Hubert L. (1991). *Being-in-the-World. A Commentary on Heidegger's* Being and Time, *Division I*, The MIT Press.

Heidegger, Martin (1927, 1979[15]). *Sein und Zeit*, Max Niemeyer. 本書からの引用は、慣例に従い略号SZのあとにページ数を記して行う。

ハイデガー『存在と時間Ⅰ』原佑・渡邊二郎訳、中央公論新社、中公クラシックスW28、二〇〇三年〔引用箇所は頁数のみで示す〕。

ハイデッガー『有と時』辻村公一／ハルトムート・ブフナー訳、創文社、ハイデッガー全集第二巻、一九九七年〔引用箇所は頁数のみで示す〕。

ハイデガー『存在と時間』高田珠樹訳、作品社、二〇一三年〔引用箇所は頁数のみで示す〕。

ハイデガー『存在と時間』(二)、熊野純彦訳、岩波文庫、二〇一三年〔引用箇所は頁数のみで示す〕。

Merleau-Ponty, Maurice (1945). *Phénoménologie de la perception*, Gallimard. 本書からの引用は慣例に従い、略号PPのあとにページ数を示して行う。

Merleau-Ponty, Maurice (1960). *Signes*, Gallimard, 1960.

齋藤貴子（2020）「動きづらい身体で生活する患者への「ふるまい」――運動器領域における看護実践の現象学的記述――」首都大学東京大学院人間健康科学研究科　博士学位論文。

榊原哲也（2009）『フッサール現象学の生成――方法の成立と展開――』、東京大学出版会。

榊原哲也（2011）「現象学的看護研究とその方法――新たな研究の可能性に向けて」、『看護研究』第四四巻第一号、五―一六頁。

榊原哲也（2015）「最初で最後、本当に外線その一回きり――透析ケアの現象学試論」、『「いのち」再考』（『哲学雑誌』第一三〇巻第八〇二号）、有斐閣、七五－九七頁。

榊原哲也（2020a）「ベナーはハイデガーから何をどう学んだのか」、『立命館文学』第六六五号、立命館大学人文学会編、一二二－一三五頁。

榊原哲也（2020b）「「気遣い」を問いなおす――看護の事象に即して――」、『実存思想論集』第三五号「実存とケア」、実存思想協会、七－三二頁

榊原哲也・本郷均（2023）『現代に生きる現象学―意味・身体・ケア―』、放送大学教育振興会。

Thomas, Sandra P. & Pollio, Howard R. (2002). *Listening to Patients. A Phenomenological Approach to Nursing Research and Practice*, Springer.

現象学の圏論的展開は可能か

富山　豊

一　現象学の圏論的展開？

二〇二〇年七月刊行の『現代思想』「圏論の世界」特集に、田口茂・西郷甲矢人による論考「圏論による現象学の深化：射の一元論・モナドロジー・自己」が掲載された。また彼らはこれに先立つ二〇一九年一二月の共著書『現実とは何か：数学・哲学から始まる世界像の転換』の第三章に「現れることの理論――現象学と圏論」という章題を付している。「圏論」とは、数学の一理論であり、しばしば代数学の一分野にも分類される。たとえば代数学の教科書のいくつかを捲ってみると、Cohn, 2003の第三章は「束と圏」であり、森田、一九八七の第六章は「圏と関手」、雪江、二〇一一の第六章の章題は「ホモロジー代数入門」であるが、その第二節は「圏と関手」である。確かに、後程確認するように、圏の代表例の多くはそれを「写像の合成に関する代数」とみなすことが可能である（Awodey, 2010, p. 1; 原、2020, pp. 7-10）。他方で、圏論を単なる代数学の一分野ではなく、公理的集合論に代わるような「数学の真の基礎」であると考えるような人々も存在する(1)。

こうした「数学の基礎」としての圏論が数学の哲学において論じられることに不思議はないだろう。しかし、なぜそうした数学的理論が「現象学」に使われるのだろうか。しかも、「現れることの理論」という表題は、対象が我々の意識に対して現れるという志向性の構造を一般的に表しており、これは現象学そのものの中心的課題である。数学の哲学のひとつの立場としての現象学的数学論という文脈ならともかく、現象学一般にとって圏論のような数学的理論が中心的な役割を果たすなどということが果たしてあり得るのだろうか。

田口・西郷は、現代において数学と哲学が互いに大きな関わりを持たずに発展している理由を「数量化」に見出している。

哲学側から言えば、その主な理由の一つは、哲学が扱う内容を、数量的・定量的なものに落とすことがほぼ不可能に見えるという点にある。しかし、数学のなかに現れる様々な構造や関係の扱い方は、哲学とも決して無縁のものではない。ただこれまでは、両者をつなぐ適切な方法が欠けていたと言えるだろう。（田口・西郷、2020, p. 202）

確かに、哲学における推論に登場する概念の多くは数量的なものではない。それゆえ初等・中等教育で学ぶような四則演算や初等幾何学のような数学が哲学に応用できないのは無理もないだろう。他方で、数量的でないものを扱う数学というのは圏論以前にもないわけではない。論理代数のようなものもそうだし、集合論もそうであろう。群論は整数のような数量的に解釈できるものの演算も扱うが、置換のような必ずしも数量的ではない操作一般についての代数とみなす方がより適切だろう。必ずしも線形とは限らない半順序構造の理論、たとえば束論なども狭い意味での「数量」の理論ではない。あるいはまた、長さや角度などの「数量的」なものを度外視して図形の繋がり方を研究するのがトポロジーであるとも言えるだろう（その際に手法として位相不変「量」が大いに活躍するのだとしても）。それではなぜ、とりわけ圏論が哲学にとって福音でありうるのだろうか。田口・西郷の記述に耳を傾けてみよう。

圏論を用いれば、哲学において扱われているような、数量的なものに落とせそうにない関係を、明晰に厳密に表現できる。このことは、哲学的思考に新たな刺激を与えうるように思われるし、圏論のもつポテンシャルを考える上でも、見逃すことのできない論点を提供しているように思われる。(田口・西郷、2020, p. 202)

ここでは、圏論によって表現されるものは数量的なものに落とせそうにない「関係」であると記述されている。そしてとりわけ、現象学の中心概念が「志向性」であることに思い到るならば、圏論との相性のよさは自明であるようにも思われるだろう。志向性は我々の思考がある特定の対象へと向かう「方向性」として特徴づけられ、しばしば矢印によって図解されるからである。後程確認するように、圏論とはまさにこの「矢印」のネットワークに関する数学であると言うことができる。そうであれば、圏論はまさに志向性を語るために最適な数学であり、それゆえ現象学と親和的なものであるのは明らかではないだろうか。

しかし、それでもなおこれだけでは圏論に特有の現象学との相性のよさは十分に明らかになるわけではない。というのも、矢印で表現されるような関係を扱う数学としては他にグラフ理論などもあるし、必ずしも数量的な関係とは限らないような矢印的な関係一般はそもそも集合論でも(順序対の集合として)扱うことができるからである。では圏論に特有の現象学との繋がりはいったいどこにあるのか。田口・西郷は以下のように述べる。

第一に圏論が現象学、とりわけ媒介論的に理解された現象学と親和性が高いという点について述べる。この点は、圏論を「射の一元論」として解釈する場合にとりわけ際立つ。第二に、「同じさ」を現象学的に理解しようとするとき、圏論的思考がきわめて有効であるという点について述べる。第三に、時にアポリア的にも見える自己と他者の関係を圏論的に記述してみることによって、それを単に矛盾的な表現で記述するのではなく、整合的に理解する道が開けるという点を示唆する。（田口・西郷，2020, p. 202）

これはどういうことなのか。圏論とはいったいどのような理論で、そのどの特徴が現象学と親和的なのか。本稿は、現象学にある程度馴染みのある読者に向けてその紹介と検討を行うことを試みる。その際、圏論自体の紹介は初歩的なものにとどまらざるを得ないため、圏論に詳しい読者からは「圏論の本当の旨みにまで辿り着いていない」という感想もあり得るだろう。しかしながら、田口・西郷の精力的な活動にも拘わらず、哲学、とりわけ現象学研究者の中で圏論の基礎的な知識が十分に浸透しているとはいまだ到底言い難い。そこで、圏論については初歩的な理解しか持たないとはいえ現象学には多少なりとも通じている筆者のような人間がその入口へと橋渡しを行う意義は十分にあると考える次第である。興味を持たれた読者は、ぜひ本格的な教科書で圏論それ自体をしっかり学んで本稿を乗り越えていっていただきたい(2)。

二　働きの理論としての圏論

では、圏論とはいったいどのような数学的理論なのだろうか。ひとつの見方は、これを「働き」、ないし「プロセス」、「動き」、「出来事」の一般理論と見るものである。

圏論には、「もの」ではなくて、「関係」を基本にするというスタンスがある。しかし、「関係」もまたしばしば実体化されがちである。これに対し圏論の場合、基本となるのは「射」(morphism) と呼ばれる「矢印」(arrow) である。矢印には方向があり、ある種の「動き」を表現するものとしてこれを見ることもで

> きる。つまり、こうした射＝矢印を「出来事」のメタファーとして捉えることができる。したがって圏論は、一切を「もの」の集合としてではなく「出来事」の連鎖として見る存在論に親和的である（田口・西郷、2020, p. 203）

いきなり日常的な例から入ってしまうと却ってわかりにくくなる部分もあるため、まずは数学の例から考えよう。たとえば、$f(x)=3x+1$ のような関数は、ある実数を別の実数に変換する「働き」、「プロセス」と考えることができる。このことを、$f:\mathbf{R}\to\mathbf{R}$ などと書いたりする。高校の数学で「定義域」と「値域」という概念を習ったのを覚えている読者も多いだろう。この関数は実数の集合 $\mathbf{R}$ 上で定義されており、したがって定義域は $\mathbf{R}$ である。またその値も実数であり、したがって値域は $\mathbf{R}$ である。ただし、「値域」という概念には注意が必要である。たとえば、$g(x)=x^2$ のような関数も我々は「実数から実数への関数」であると考え、$g:\mathbf{R}\to\mathbf{R}$ とも書くが、高校数学で言う「値域」の概念に即する限り値域は $\mathbf{R}$ ではない。というのも、「値域」とは関数の出力としてその値がじっさいに存在する範囲を指し、したがって負の実数は g の「値域」には含まれないからである。しかし、余分な範囲を含んでいるとはいえ、g の出力が実数の範囲内に収まることは事実であり、これを「実数から実数への関数」と捉えて何もおかしなことはないだろう。そこで、こうした意味での関数の出力先のことを「終域」、それに合わせて定義域の方を「始域」と呼ぶことにしよう。[3] つまり、上記 f, g はいずれも実数の集合 $\mathbf{R}$ を始域とし、そして同じく $\mathbf{R}$ を終域とする関数である。

さて、f と g は共に $\mathbf{R}\to\mathbf{R}$ という矢印で表すことができるが、しかし始域と終域が同じであるからと言って同じ関数であるわけではない。これらが表しているのは異なる操作、異なる働きであって、これらによる値の変化は異なる出来事、異なるプロセスである。単にどこからどこへ繋がっているのか、というグラフ理論的な視点から見ると同じことになってしまうが、圏論では働きやプロセスの同一性を考えるので、始点と終点が同じでもこれらは異なる矢印であると考えるわけだ。このように、始点と終点が指定され、かつ同じ始点と終点を持っていても一般には互いに異なりうるような矢印を圏論では「射」と言い、複雑な射のネットワークにおける射の同一性が基本的な検討課題となる。

射がネットワークを成すとはどういうことか。一般に、働きやプロセスというのは続けて行われることが可能である。たとえば、ある実数を $f(x)=3x+1$ という関数によって変換した後に、その出力を続けて $g(x)=x^2$ という関数に入力し、再度の変換を行うことができるだろう。その結果として、元の x は $(3x+1)^2$ へと変換されることになる。こうした複数の操作の続けての実行は、数学では関数の「合成」と呼ばれている。つまり、f と g を合成して $g \circ f$ という関数をつくると、これは両者の逐次実行、つまり $g \circ f(x)=(3x+1)^2$ という関数になっているわけだ。[4] もちろんこうした操作が可能であるためには先に実行する操作の出力先が後に実行する操作の入力先と一致していなければならない。そこで、前者の終域と後者の始域が一致しているときには射は必ず合成できるのだと考える。射が何らかの働き、プロセスを表す矢印だと考える限り、逐次実行として考えればこの要請は自然だろう。そして、合成については「結合性」を要請する。つまり、以下の結合律が成り立つものとする。

$$h \circ (g \circ f) = (h \circ g) \circ f$$

この性質は自然数上の足し算や掛け算などでもお馴染みのものであり、つまり以下のような性質を表している。

$$a+(b+c)=(a+b)+c$$
$$a \times (b \times c)=(a \times b) \times c$$

この性質は、しばしば「計算の順序はどうでもいい」、「計算の順序が入れ替え可能」というようにも説明される。合成の話に戻していえば、「合成は順序に依存しない」、「合成の順序を換えてもよい」ということになる（西郷・能美、2019, p. 29）。しかし、この言い方は数学に不慣れな読者の誤解を招きかねないので、ここで注意を促しておく。つまり、この結合性という意味での「順序のどうでもよさ」と、以下の「可換性」という意味での「順序のどうでもよさ」を混同してはならない。可換性とは以下の性質である。

$$g \circ f = f \circ g$$
$$a + b = b + a$$
$$a \times b = b \times a$$

この意味での「順序のどうでもよさ」は、自然数や実数の足し算、掛け算においては成り立つが、関数の合成、あるいはより一般に働きやプロセスの合成においては成り立たない方が普通である。

ごく日常的な例を挙げよう。fを「洗濯する」というプロセス、gを「干す」というプロセス、hを「たたむ」というプロセスとしよう。この三つのプロセスを遂次実行するという作業の全体は、「洗濯して干す」というプロセスのあとに「たたむ」というプロセスを行う、と考えても、「洗濯する」というプロセスのあとに「干してたたむ」というプロセスを行うと考えても同じことである。つまり、この三つのプロセスについて結合性

$$h \circ (g \circ f) = (h \circ g) \circ f$$

が成り立つ。他方で、これらのプロセスの前後の順番を入れ替えてしまうと衣類は到底着られる状態ではなくなっ

てしまう。つまり、洗濯してから干してたたむ、という順序を守っていればそのままタンスにしまうことができるが、干してから洗濯したらびしょびしょの衣類を手にすることになるし、たたんでから洗濯したら衣類はまたぐしゃぐしゃになってしまう。この意味で、可換性

$$g \circ f = f \circ g$$

や

$$h \circ f = f \circ h$$

は成り立たないのである。プロセスの合成において順番がどうでもよいのは、「干してたたむ」というプロセスを先にひとまとまりのプロセスとしてパッケージ化しようが、「洗濯して干す」というプロセスを先にひとまとまりのプロセスとしてパッケージ化しようが、最終的に「洗濯のあとに干して、そのあとにたたむ」というプロセスが保持されている限りパッケージ化の順序はどうでもよい、ということに他ならない。他方で、プロセスの順序を入れ替えてしまうと大抵の場合結果は異なるものになるのが普通であり、この意味での「プロセスの合成の順序」はどうでもよくはない。同様のことは数学においても往々にしてあり、たとえば線形写像の合成（つまり行列の掛け算）が結合性を満たし可換性を満たさないのは同様の事情による。

　さて、こうした合成によって、プロセス同士を組み合わせて新たなプロセスを生成することができる。そして、生成されたプロセス同士の「プロセスとして」、「働きとして」の等しさ、同一性を考えることができる。結合性が表している「洗濯したあとに、干してたたむ」というプロセスと「洗濯して干したあとに、たたむ」というプロセ

スの同一性もそうだが、たとえば $f(x)=x+3$, $g(x)=x^2$ $h(x)=x^2+6x$, $k(x)=x+9$ のように、異なる関数の合成が最終的に同じ関数を生み出すこともある。つまり、この場合

$$g\circ f=(x+3)^2=x^2+6x+9=k\circ h$$

である。このことを、以下のような矢印の図で表すことがよくある。つまり、上辺から右辺と辿るプロセス $g\circ f$ と左辺から下辺へと辿るプロセス $k\circ h$ の関係をこの図は表しており、この両者が同一であるとき、つまり始域と終域を共有する異なるルートが合成の結果同じプロセスを表すとき、この図は「可換」であるといい、こうした可換な図を「可換図式」と呼ぶ[5]。同様に「実数から実数への関数」同士を合成したとしても、それらのほとんどはもちろん互いに異なっている。それゆえ上記のように矢印で射を図示して図式を描き、その始点と終点が一致したとしても、そうした図式は一般には可換ではない。それでも

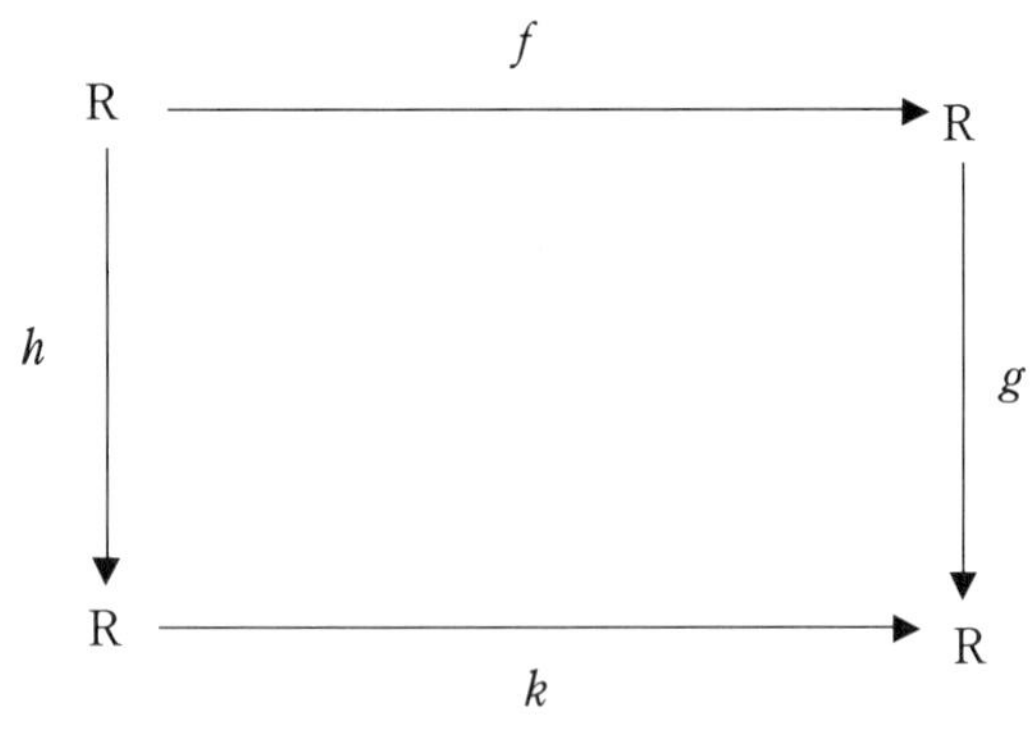

様々な働きやプロセスのうちのあるものは合成すると一致することがあり、図式が可換になる。そうした働きの合成のダイナミズムが圏には含まれており、単なる有向グラフの構造の理論ではないわけだ。

こうしたプロセスたちの特殊なものとして、「何もしない」というプロセスを考えることができるだろう。じつはここで、圏論の考え方のひとつの特徴が明らかになる。「何もしない」という働き・プロセスの例としては、「恒等写像」が挙げられるだろう。これは通常、任意の x に対して

$$i(x) = x$$

となる関数[6]として定義される。他方、圏論における「恒等射」、つまり「何もしない」射は任意の射 f に対して

$$\mathrm{id} \circ f = f$$
$$f \circ \mathrm{id} = f$$

となる射idとして定義される。つまり、どの射と合成しても変化を生まないような射として恒等射は定義される。集合論的に定義される恒等写像が「対象の同一性」を前提としてその対象に言及する仕方で定義されるのに対して、圏論における恒等射は「他の射との相互作用における振る舞い」の観点から定義されるわけである。[7] たとえば、恒等写像はまさにそうした恒等射の一種であり、どんな関数 f であれ、恒等写像と合成しても f のままである。同様に、自然数上の加法を考えると、その中には「0を足す」という操作が含まれており、「0を足してから3を足す」という合成も「3を足してから0を足す」という合成もいずれも単に「3を足す」という操作に等しくなる。3以外の自然数を加える場合も同様である。これはまさに恒等射を定義する上のふたつの等式が満たされていることを意味する。同様に、数学外においても「何も手を加えない」という働きは多くの場合にありうるだろう。[8]

じつは、圏の定義は合成の結合性と恒等射の存在とによって為される。つまり、特定の始域と終域とを持った射の集まり（矢印の集まり）があり、その始域と終域が一致する射同士のあいだには常に合成が定義され、合成が結合性を満たし、かつ何らかの矢印の始点や終点になっているすべての点（「対象」と呼ばれる）においてそこから自身への恒等射が存在するとき、この射の集まりを圏と呼ぶのである。[9] それゆえたとえば、すべての集合を対象とし、集合間のすべての写像を射として、射の合成を写像の合成、恒等射を恒等写像とすればこの写像たちの成す矢

印のネットワークは圏となる。[10] 同様に、群や束などの構造を持った集合を対象とし、そのあいだで構造を保つ写像（つまり準同型）を射とすれば圏を構成することができる。射が関数・写像とは限らないような圏の例としては、順序構造を持った集合の各要素を対象とし、$x \leqq y$ のとき x から y に射が（ただひとつ）あると考えればこれは圏となる。[11] というのも、順序関係は推移律を満たすため x から y、y から z に射があるとき必ず $x \leqq z$ であり、したがって x から z へのただひとつの射があるからそれを「合成射」と考えればよいからである。反射性 $x \leqq x$ から恒等射の存在も容易に示せる。つまりこの順序集合そのもの（たとえば自然数全体の集合に通常の順序関係を考えたもの）がその集合単独で圏なのであって、複数の集合のあいだの関数のネットワークだけが圏になるわけではない。[12]

三　射映構造における現出者の同一性と関手・自然変換

では、こうした圏論の特徴がなぜ現象学の理解に適しているのだろうか。ひとつには、それが「対象の同定」を前提としない構成になっているからだと思われる。じっさい、田口と西郷は以下のように述べる。

> 一切を出来事の連鎖として見る存在論は、「存在論」というよりは「媒介論」であるとわれわれは考えている。（田口・西郷、2020, p. 203）
>
> 「同一性」といえば、それ自身だけで独立的に存在するもの、他の何ものにも依存せずに同一であるものを想像しがちだが、圏論はそもそもが一切を関係によって表現している。（田口・西郷、2020, p. 204）

ここで、存在論的な発想を特徴づけるのに「対象」の同定、「対象」の同一性と言ってしまうと「圏はまさに対象と射から成るのだからそれらの同定を前提しているのでは」と思われるかもしれない。しかし、ここで言う「対象の同定」とは、圏の対象ではなくむしろその「内部構造」の同定の話である。

　現象学の中心概念のひとつが「志向性」であることは疑いないことだろう。この志向性とは、我々の経験がつねに「何かについての」経験であるという特定の対象への方向性をまずは意味している。とすると、我々の経験に対して、この経験にはこの対象、あの経験にはあの対象、というように、経験の集合と対象の集合のあいだに対応づけ、つまり写像を指定することによって志向性を記述しようという誘惑が自然に現れてくる。じっさい、「経験」を「表現」に置き換えるならば、これは集合論的な枠組みにおけるいわゆる「モデル論的」な意味論の基本的なやり方である。しかし、現象学はそもそも我々の経験から出発して存在論を考えるので、我々の経験との関連づけに先立ってあらかじめ世界の対象たちがそれとして同定されている、という発想はまったく現象学的ではない。むしろそれらがそれらとして存在するとはどのようなことなのかを経験に即して明らかにしようとしているわけである。それゆえ、経験の集合や対象の集合の「内部構造」である個々の要素たちをまず同定し、それらのあいだを事後的に対応関係で結ぶ、といった発想は現象学的な志向性理論にとって不適なのである。

　その点からすれば、対象の内部構造に言及することなく、射のネットワークをあくまで射のネットワークとして見る圏論の枠組みは現象学と親和的である。たとえば、写像の持ちうる性質のひとつに「単射である」という性質があるが、これは要するに「入力に対して出力が一対一に対応する」という性質である。たとえば、整数から整数への関数 $y = x^3$ を考えると、これは入力に対して出力が一意に決まる（つまりまっとうな写像である）というだけでなく、出力に対しても入力が一意に定まる（たとえば27を出力するのは3を入力した場合のみである）。こうした、異なる入力を同じ出力に潰してしまうことがない、という性質を持つ写像を「単射」であるという。このとき、26を出力する入力は整数の中には存在しないから、この関数の「値域」は整数全体ではない。このようなとき、この写像は単射ではあるが「全射」ではない、という。他方、$y = x^2$ は異なる整数に同じ出力を与えてしまう（たとえば -2 と2の双方に4を出力してしまう）から、この写像は単射ではない（ついでに言えば全射でもない）。

以上のような特徴づけは、「単射であるかどうか」ということを始域と終域の内部にある個々の要素に言及する仕方で記述されている。しかし、単射であることを射のネットワークから特徴づけることも可能である。たとえば、$h(x)=x^2$のような関数は入力、つまりその関数に入ってくる以前の過程の違いを潰してしまうから、それ以前に$f(x)=x-3$という変換を行っていたか$g(x)=-x+3$という変換を行っていたかという違いは$h(x)=x^2$に合成すると無視されてしまう。つまり、fとgはそれぞれ単体で見れば異なる関数であるにもかかわらず、hと合成すると$h \circ f$と$h \circ g$は結果として同じ関数になってしまうのである。hが単射である場合にはこのような入力された情報の不可逆な圧縮は起こらないから、「任意のf, gについて、$h \circ f = h \circ g$ならば$f = g$」ということをもって「hが単射である」ということの特徴づけと考えることができる。この特徴づけは射たちのネットワークにおける合成の振る舞いにしか言及しておらず、始域や終域のなかの個々の要素のようなものには一切言及していない。こうした仕方で、圏論は現象学が避けるべきであるような「存在論」的な前提から出発することなく、いわば「媒介論」的な語りを可能にしているわけである。[13]

さて、いくら媒介論的な見方を採用するとは言っても、我々が普段「存在論」的な枠組みで捉えている現象をそこから説明することができないのであれば、我々の日常的な経験の成り立ちを説明する「現象学」としては不十分である。あらかじめ同定された対象たちを恒常的な実体として立てることから始まる理論構成を採用しないとしても、我々が同一の対象に繰り返し出会うという仕方で普段記述しているような経験までもが失われるわけではない。では、そうした「対象の同一性」をどのように考えればよいのか。田口と西郷の叙述を見てみよう。

> たとえば、動いているボールを、われわれは「同じもの」と見なす。なぜそんなことが可能なのだろうか。ボールは刻一刻位置を変えている。それを別々の対象と見なすこともできるはずである。（田口・西郷、2020, p. 205）

> ボールを位置Aから位置Bに持ち上げて、また位置Aに戻すとき、それは何もしなかったのと同じになる。このようなとき、われわれはこれを「同じボール」とみなす。（田口・西郷、2020, p. 205）

後者の引用では、一見すると「同じ位置にあるボール」が「同じボール」と言われているようにも見える。しかし、前者の引用では「動いているボール」を我々がいかにして同じボールとみなすか、という問いが提示されているのだから、そのように理解するのは誤りだろう。むしろここでは、同じ状態に戻すことができるなら、じつは変化を通して同じものが保存されているとみなすことができるのだ、ということが語られていると考えられる。

たとえば、ボールを上げてから下ろしたり、服をたたんでから広げたりすれば、我々はふたたび同じ状態に戻すことができる。こうした操作の対は、要するに合成すると恒等射に戻るような対であると考えられる。このような対の相手を持つような射を「可逆」な射という。つまり、ボールを上げる操作や服をたたむ操作は可逆な射である。他方、ボールを破裂させたり服を燃やしてしまう操作は可逆とは言えないだろう。我々が行う操作や我々が経験するプロセスの中には可逆なものとそうでないものがあり、可逆な操作やプロセスは「元に戻す」ことが可能である。こうしたとき、我々はそこに「同じものが保持されている」と考えるのではないだろうか。じっさい、田口と西郷は以下のように述べる。

> ある操作を相殺するような別の操作がある、あるいはより一般的に、ある動きを相殺する別の動きがあるという稀な事態が生じているとき、われわれはそこに「同じさ」を見るのである。少なくとも時間的には、一切は刻一刻と変化している。そのなかで、この変化を無にするような、この変化を相殺するような動きが一部で生じうる。それによって、時間の中で変化しないものが現われる。このように考えるなら、われわれは「変化しない」ということを一つの「出来事」として、「変化一般」の一特殊例として捉えることができるようにな

る。これが「同じさ」の起源である。（田口・西郷、2020, p.205）

他方で、田口と西郷は「同一性」を捉える枠組みとして、「可逆性」だけを挙げているわけではない。他の道具立てとしては、「関手」と「自然変換」が提案されている。じっさいの叙述を見てみよう。まず、以下の問いが立てられる。

机を見ながら、そのまわりを回ってみる。机の現われは刻々と変わってゆく。そこで変わらないものは何だろうか。（西郷・田口、2019, p. 95）

もちろん、ここで「変わるのは机の「現れ」だけであって、変わらないのは「机」という対象そのものだ」と語りたくなる。また、それは決して誤りではないだろう。現象学では、これを「変わるのは机の「現出（Erscheinung）」であり、机という「現出者（Erscheinendes）」、すなわち現出している当の机というものは変わらないのだ」と語る。[14] しかし、ある意味では我々にまず与えられているのは現出であり、現出者の同一性は端的には現れていないとも言える。じっさい、我々は同じものを見ていると思っていたのに途中ですり替えられていたことを後から知ったり、逆に異なる対象だと思っていたものが同じ対象であったことを後から知ったりする（たとえば刑事ドラマで刑事の尾行を撒こうとした容疑者が途中で協力者と入れ替わったり、トイレから変装して出てきた場合など）。もし同一性が端的に我々に与えられているのなら、そのようなことは起こらないはずである。そこで、以下のように問われることになる。

では、机のような物が「同じ」であることを、われわれはどうやって知るのであろうか。「見ればわかる」と人は言うかもしれない。だが、真上から見た机と、横から見た机とでは、「見える形」はまるで違う。さらに、見る角度を変えれば、現われている形は刻一刻と変わる。つまり、われわれが経験している物の「現われ」に関して言えば、それはつねに流動しており、片時もとどまることがないと言える。では、このような流動する現われから、われわれはどうやって「同じ」物が「同じ」物だということを知るのであろうか。（西郷・田口、2019, p. 94）

ここで西郷と田口が提案するのが、視点を変えるこちらの動きと対象の見え方が変わる現れの変化のあいだの対応関係である。確かに我々が視点を変えれば見え方は変わるが、視点の変更に応じて「規則的に」見え方が変わっていくという対応関係そのものは恒常的なのではないだろうか。具体的にはこういうことである。

ある視点から別のある視点への動きmには、ある現われから別の現われへの変化Mが対応している。mに引き続いて別のm'を行えば、（たとえば机を前にして、右に動いてから後ろに動いたら）それに対応する仕方で、Mに引き続いてM'が起こる。いいかえると、mとm'の合成が、MとM'の合成に対応する。（西郷・田口、2019, pp. 95-96）

ある方向へ視点をずらせば、机の見え方も一定の仕方で変わるが、元の位置に視点を戻せば、それに応じて、机の見え方も元に戻る。もしそうでなかったとしたら、われわれは机の形が本当に変わってしまったと思うだろう。机を見ながら右に一歩進み、また左に一歩戻ったときに、机の高さが最初とはまったく違って見えたとしたら、おそらく机の高さが本当に変わっていたということになるだろう。元に戻る視点の動きには、元に戻る現われの変化が対応していなければならない。（西郷・田口、2019, p. 96）

まず、前者の記述は、視点移動の射の成す圏と現出の変化の成す圏とのあいだに合成を保つような対応があるということを意味している。すなわち、視点移動の合成可能な射g, hに対して現出の変化$F(g)$, $F(h)$を対応させるような対応づけFがあり、

$$F(h \circ g) = F(h) \circ F(g)$$

という仕方で合成が保存されることを意味している（なお、合成可能性を保存するため、対象も整合的に対応していなければならないが、その点は省略する）。そして、後者の記述は視点移動の圏における恒等射がこの対応Fによって現出の変化の圏における恒等射に対応することを意味している。そして、合成の保存と恒等射の保存というこのふたつの条件を満たす射の対応関係（とそれと整合的な対象の対応関係）は、圏のあいだの「関手」と呼ばれる。[15] つまり、ここでは視点移動に併せて現出が変化するという対応関係、恒常的な規則性の在り方が、「関手」という数学的な表現によって明確化されているわけである。

こうして見てくると、視点の動きと現われの変化とが対応しており、それらの合成もまた対応し、それらを逆にする動きも対応している、ということがわかってくる。つまり、「同じ」物は、このような視点の動きと様々に変動する現われの只中にあるのだが、その動き・変動は、きわめて厳密な対応関係の規則に従っている。いかに激しく変動させても、この規則は変わらない。（西郷・田口、2019, p. 96）

かくして、射映的な現出の中で捉えられている現出者の同一性とはどのようなものであるかという実質を、関手の存在という明確な表現で特徴づけられるとするなら、それは哲学的にも十分興味深いことになるだろう。そして、

西郷と田口はさらに高次の対応関係に説き及ぶ。それがすなわち「自然変換」である。自然変換の正確な定義を述べて解説する紙幅の余裕は本稿にはないのだが、簡単に言えば自然変換は関手同士の整合的な対応関係を意味している。そして、関手というのはじつは何らかの対象や現象の「モデル化」ないし「翻訳」を意味していると考えることができる。たとえば、極めて単純な例として、我々ひとりひとりを対象とし、背比べをしてより高い（または互角な）方に向かう射があるような圏を考えよう。ここで各人の身長を計測し、cm単位で表した数値を対応させるならば、この対応づけは背比べの圏から実数の順序の圏への関手になる。つまり、この関手は人間たちを身長という数値で代表させ、人間のあいだの構造を数値間の構造によって「モデル化」ないし「翻訳」するものだと考えられるわけである。そして、この場合のモデル化の可能性は一通りではなく、たとえばインチ単位で計測した数値を対応させることもできたわけである。これは先程とは異なる関手を定義することになるが、しかしこのふたつの関手は容易に対応づけることができるだろう。この単位変換の対応づけが、自然変換に当たる。[16]

では、この自然変換が現出論・射映論にどのように関係するのだろうか。それは、我々の知覚する物体のような対象そのものが一定の構造を持っており、すなわち圏とみなすことができるが、その対象を一定の視点から見た現れもまた一定の構造を持った現れであろうから、あるひとつの射映的な現出というものそのものがある種の関手であると考えられることになる。そうであれば、射映同士の恒常的な変換関係は関手というよりもむしろ自然変換と考えることができるだろう、じっさい、西郷と田口は現れを関手、その変化を自然変換として捉えることを示唆している[17]（西郷・田口、2019, pp. 126–129）。

こうした提案は、対象の同一性をあらかじめ前提せずに現出者の同一性を現出の中でいかにして語るか、という伝統的な問題に対して「変化の中の恒常性」というものの具体的な中身を数学的に現金化する極めて魅力的な提案である。ただし、可逆性、関手、自然変換というこのそれぞれのレイヤーは互いに密接に関連してはいるものの、それぞれの場面で想定されているものは必ずしも同じではない。具体的な事例に即して、どの数学的対応が確保されているときに正確に言ってどの同一性がどのように現れるのか、ということはより正確に記述されるべきだろう。だが、いずれにせよそのための道具立てを揃えて提示しただけでも、西郷と田口の提案には十分に検討すべき意義があるように思われる。

四　変様論とスライス圏

田口と西郷が提案する現象学と圏論のもうひとつの接点は、変様論である。変様論とは、田口、2010以来の田口現象学の中心概念のひとつであり、一見して矛盾して見えるその語られ方から誤解や毀誉褒貶の多い論点でもある。変様は一般に何らかの原様態を元にしてそれを遡示する様々な志向性の形態を説明するものであるが、とりわけ自我や現在のような経験の唯一的な基盤であるものが、ある意味では他のそれと並置され、複数的なものとしても理解されるものになるという点がここでは重要である。つまり、我々は他の自我の意識を経験できないのだから、自我が複数的であるということをどのように理解したらよいのかはまったく自明ではない。しかし、自分自身の自我というある意味で他とは並列し得ない唯一の基盤から出発しつつ、我々は同時に自分自身を様々な自我のうちのひとつとしても理解できるのでなければならない。こうした構造については田口、2010, 第二部第六章（とりわけpp. 185-192のほか、斎藤、2000, pp. 20-28）も参考になる。この構造は、自我や現在が唯一的でありつつ複数的でもあるといういわば矛盾した事態を表すものとして受け取られ、それをいかにして整合的に説明するかが議論されてきた。田口と西郷は、圏論を用いて定式化すればこれを整合的に描き出す道が開けると言う。

田口と西郷は、この変様の現象をスライス圏の概念を用いて解明しようと試みている。スライス圏とは、ある圏のある対象から見たその圏の様子を、その元の圏とは別の新たな圏として構成したものである。粗雑な比喩ではあるが、元の圏が視点に依存しないある客観的な実在の世界であると考えよう。このとき、この世界に存在するある対象から見た世界を、元の世界とは別のいわば「主観的世界」として構成することを考える。元の世界には多くのものが圏の対象として存在し、そのあいだには様々な射が張り巡らされているが、ある対象からはその対象に与えられる限りでの世界の現れしか見えていない。そうした現れをその対象へと入ってくる射であると考えるのは自然だろう。つまりここでは、元の圏Cの中のある対象Aから見た限りでのCの在り方を、CにおけるAへの射を集めてくることによって構成される新たな圏、スライス圏C/Aによって記述しようとしているわけである。言い換えれば、C/Aの対象の集まりはAを終域とするCの射の集まりとして定義される。

　では、C/Aにおける射は何であろうか。さしあたり比喩を傍に置いて数学的定義を先に述べれば、C/Aにおける射とはC/Aの対象を二辺とするCにおける三角形の図式のうち可換なものである（ただし合成射となる方をスライス圏の射の始域とする）。これだけでは何のことかわからないと思われるので簡単な具体例を示す。たとえば、対象の集まりとして自然数全体の集合を考え、射としてそれらのあいだの順序関係の射を考える（つまり、自然数m, nに対して、$m \leqq n$のときかつそのときに限りmからnへの射がただひとつ存在する）。この圏をCとしよう。このとき、たとえば自然数10から見た世界を考えよう。10へは10以下のすべての自然数からそれぞれひとつずつ射が伸びているので、10から見てこれらの自然数はいわば「知覚できる」[18]。そこで、これらから成る世界を新たに考えるわけである。ただし、10以下の自然数たちがそのまま新しい圏の対象になるわけではなく、対象はあくまで「10以下の自然数たちそれぞれから10への射」であることに注意が必要である。さて、たとえば新しいスライス圏の対象「3から10への射」と「7から10への射」のあいだには射が存在するだろうか、そしてあるとすればどのような射だろうか。前者の対象を仮に3^*、後者を7^*とすると、Cにおいて3から7への射（仮にfとしよう）も存在するので、$3^*, f, 7^*$を三辺とする三角形の図式を考えることができる。このとき、$7^* \circ f$の始域が3、終域が10なので、

$$7^* \circ f = 3^*$$

という等式が成り立っていればこの図式は可換なわけである。しかるに、圏Cにおける同じ始域と終域を持つ射は高々ひとつしか存在しないから、この等式は必ず成り立つ。よって、この三角形の図式こそがスライス圏C/10における3*から7*への射になるのである。これを比喩的に言えば、10からは自分以下のすべての自然数が「見えて」いるだけでなく、それらの自然数同士の大小関係も「見えて」いるということである。ただし、スライス圏C/10における対象は3や7そのものではなくあくまで3*や7*であるし、スライス圏の射もfそのものではなくそれと3*および7*の成す可換図式である。ここで比喩に戻ろう。田口と西郷はこうしたスライス圏の射をどのようなものだと考えているのであろうか。

先程の自然数の順序構造の圏の場合にはある対象Aから対象Bへの射は高々ひとつであったが、一般には複数ありうる。

このとき、それぞれの射は〔スライス圏における――引用者補足〕別の対象とみなす。「私からみた、共同研究者としての、X氏」というのと、「私からみた、大学教員の先輩として、X氏」というのは、一応、区別して考えられるだろう。「私にとっての、おいしそうなものとしての、リンゴ」と、「私にとっての、絵の題材としての、リンゴ」も区別できる。（田口・西郷、2020, p. 213）

このように、ある対象へは他の様々な対象が様々な仕方で現れており、それを前者への後者からの様々な射として考えることができる。同じ対象であっても様々な現れ方をすることがありうるから、同じ始域と終域を持つ射であっても射として等しいとは限らない。さてこのとき、スライス圏の射は何を表しているのであろうか。

スライス圏C/Aの射は可換図式であるから、元の圏Cにおける「射の合成」が何を意味しているのかをまずは明らかにしなければならない。先程の説明から、Cにおける射q: Y→AはYのAに対する一定の現れ、Aにとっての一定の観点から見たYであると言ってよいだろう。このとき、合成を考えるためには一方の始域と他方の終域が一致しなければならないから、qと合成して$q \circ t$をつくることができるのはt: X→Yのような射でなければならない。そしてこの射tは、XのYに対する一定の現れ、Yにとっての一定の観点から見たXのことであるはずである。では、この合成とは何だろうか。YはXのことを見ている。そこでは一定の観点から一定の現れ方を通してXがYに現れている。他方、AはXのことを見ている。そこでは一定の観点から一定の現れ方を通してYがAに現れているが、Yの見ている光景はAからは見えていないのだから、XのYへの現れはAには与えられていない。つまり、XからYへと到るプロセスを、そのまま続けてYからAへのプロセスへと接続して、ふたつのプロセスの遂次実行や連続的な変換のようなものを考える構図にはこの状況はなっていない。Xを見ているのはYだけなのでその「現われ」というプロセスはそこで止まり、Aへと続けて流れ込むような合成を関数合成のような仕方で自然に考えることは必ずしもできないように思われる。では、田口と西郷はスライス圏の射をどのように考えているのか。

田口・西郷は、この射を「Aという特定の対象「にとっての」t: X→Yのあり方と解釈してもよい」と主張している。そして、Aの視点から様々な関係を眺め渡せば、以下のような描像になる。

> こうして、ある特定の主体Aにとっての様々な他の主体の現われ（p, qなど）を対象とし、それらの関係を射とする圏が考えられる。つまり、主体同士の間の関係のネットワークが、すべての「Aの観点からのみ」見られたものとしてまとまる。そこでAは取り替えの利かない主体であり、他の主体と比較可能な「同一平面上」に乗らない。すべての他の主体同士（そのなかには、自分から見た自分も含まれる）は、比較可能だが、その比較はAすなわち「私」の観点からのみ見られた比較である。こうしていわば「私」のパースペクティヴからのみ見られた社会のあり方が、スライス圏によって表現できるように思われる。（田口・西郷、2020, p. 208）

これは、以下のように考えれば理解可能だろう。スライス圏C/Aにおける射を考えるには、X, Yというふたつの対象がAに現れている状況を考える必要がある。それぞれの現われをp, qとしよう。pからqへのスライス圏の射が存在するためには何らかのtに対して以下の図式が可換にならなければならないから、元の圏CでXはYに対しても現れていなければならない。簡単に言えば、AはXとYの両名を知っており、YもXを知っているという状況を考えればよい。たとえば、私は田口とも西郷とも面識があり、また両者それぞれの著書も持っているので、Xを西郷、Yを田口、Aを富山とすれば、p: X→A、q: Y→A、t: X→Yとして様々な射が考えられる。たとえば、p: X→Aとして「手元にある『圏論の道案内』の著者の一人」、q: Y→Aとして「日本学術振興会特別研究員PDに採用された際の受入研究者」、t: X→Yとして「十年以上議論を重ねてきた共同研究者」といった射が考えられるだろう。すると、以下のような図式を描くことができる。

この図式がもし（元の圏Cにおいて）可換になれば、これをスライス圏C/Aの射と考えることができる。しかし、これを可換と考えるのは自然ではないだろう。確かに合成射$q \circ t$も射pもXからAへの射、つまり西郷の富山への現れにはなるはずであるが、既に確認したようにここでは圏Cにおける同じ対象同士のあいだでも異なる仕方で現れていれば（Cにおける）異なる射、そしてスライス圏C/Aにおける異なる対象となる。そうであれば、西郷が「十年以上議論を重ねてきた共同研究者」として田口に現れ、そして田口が「日本学術振興会特別研究員PDに採用された際の受入研究者」として私に現れ、まさにこうした現われ方においてそれらを合成すると、他の現れ方ではなくまさに「手元にある『圏論の道案内』の著者の一人」という特定の現れ方になる、というのは少々考え難い。合

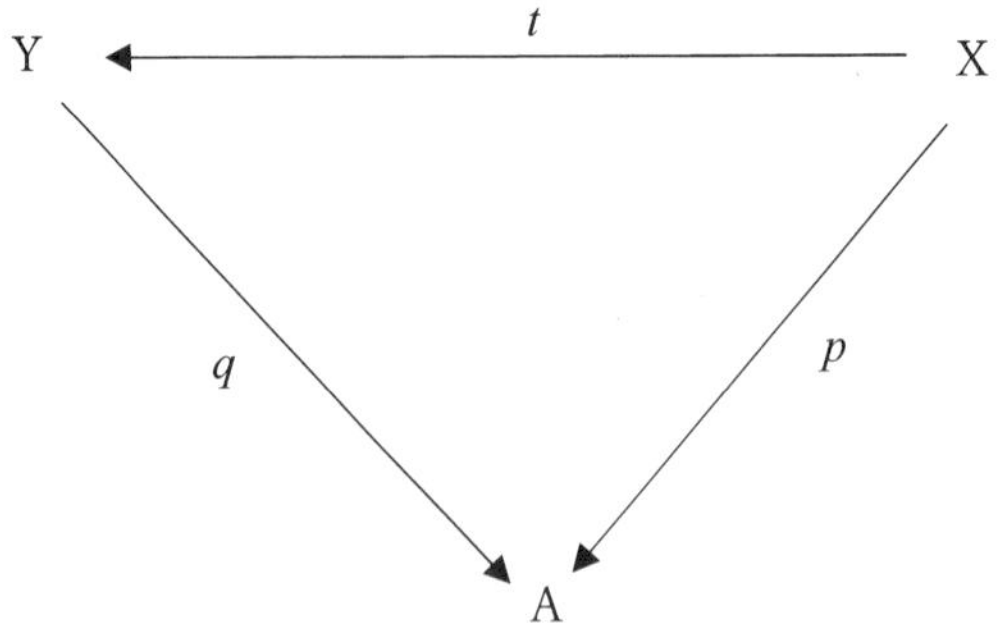

成のもとになるふたつの射のいずれにも西郷の著書の話は含まれていないからである。それゆえ、この図式を可換と考えるのは不自然だろう。しかし、私は田口と西郷の双方を知っているだけでなく、両者の関係についてももちろん知っている。したがって、西郷は単に「手元にある『圏論の道案内』の著者の一人」として私に現れているだけでなく、「日本学術振興会特別研究員PDに採用された際の受入研究者が十年以上議論を重ねてきた共同研究者」としても私に現れてきている。この「日本学術振興会特別研究員PDに採用された際の受入研究者が十年以上議論を重ねてきた共同研究者」という現れをCにおける射p'とすれば、以下の図式は可換と考えてよいだろう。というのも、私にとって「日本学術振興会特別研究員PDに採用された際の受入研究者」として現れてきた田口に対して「十年以上議論を重ねてきた共同研究者」として西郷が現れてくる、というこの一連の関係を通して眺めれば、結局のところ西郷は私にとって「日本学術振興会特別研究員PDに採用された際の受入研究者が十年以上議論を重ねてきた共同研究者」として現れている、と考えることはごく自然だからである。それゆえ、以下の図式は可換図式であり、スライス圏C/Aにおける射のひとつと考えられる。

このことを、「私の視点から見た西郷の田口への関係」と記述することは十分可能だろう。それゆえ、総じてスライス圏における射とは「私の視点から見た他者同士の関係」と考えられるように思われる。

　そうだとすれば、同じ世界における対象として並び立つものでありながら、それぞれの対象がその視点からの主観的世界においては唯一無二の視点として機能する様を、スライス圏によって数学的に記述できることになるだろう。元の圏に

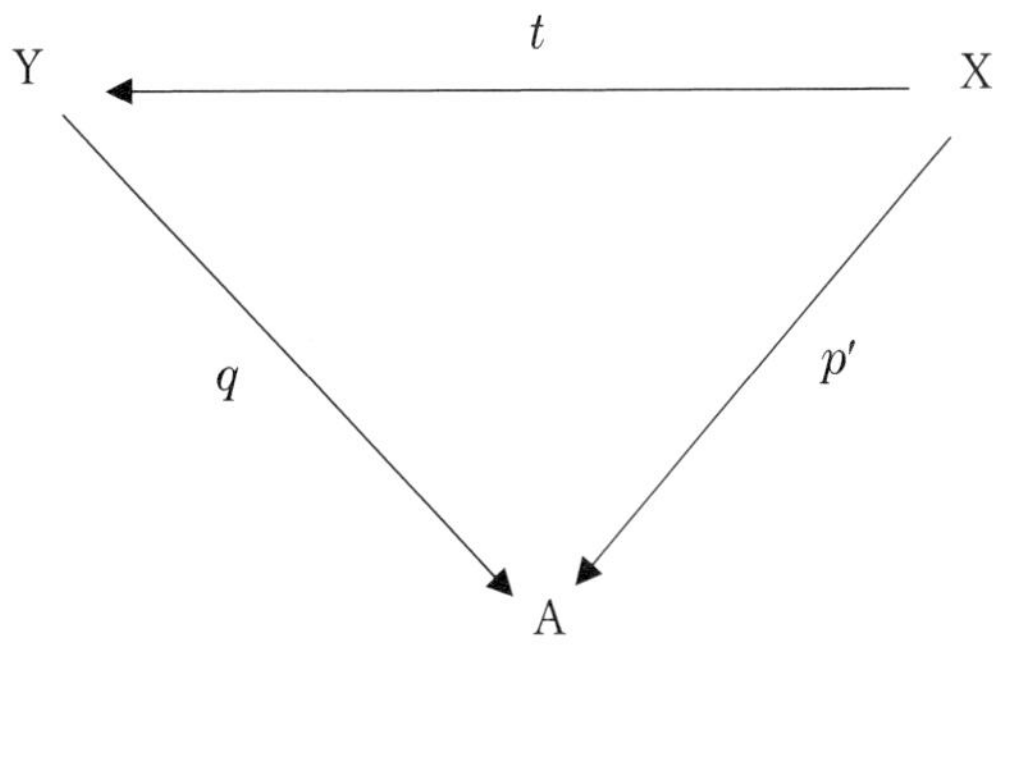

おいて異なる対象から構成されるスライス圏の対象同士はすべて（元の圏における終域の異なる射である以上）必ず異なっており、つまりスライス圏同士のあいだに共有される対象はあり得ない。それゆえまた射についても同様であり、スライス圏同士のあいだにいかなる共通要素も存在しない。これは異なる主体の意識同士が共有可能な要素を持たないことと対応しているだろう。また、それぞれのスライス圏の構造から元の圏の構造をある程度推し量ることができるという点でも、これは世界と現れの構造に類比的である（田口・西郷，2020, pp. 208-209）。

しかし、スライス圏の射を果たして本当に「私の視点から見た他者同士の関係」と考えることができるのかどうかには若干の疑問も残る。というのも、そこにはどうしても「私の視点から見た他者同士の関係の誤解や無知」という現象がついてまわるように思われるからである。無知のケースから検討しよう。たとえば、私の妻と私の親友が不倫をしているのだが私はそれを知らない、というケースを想定することは可能だろう[19]。このとき、以下のような図式を想定することができる。

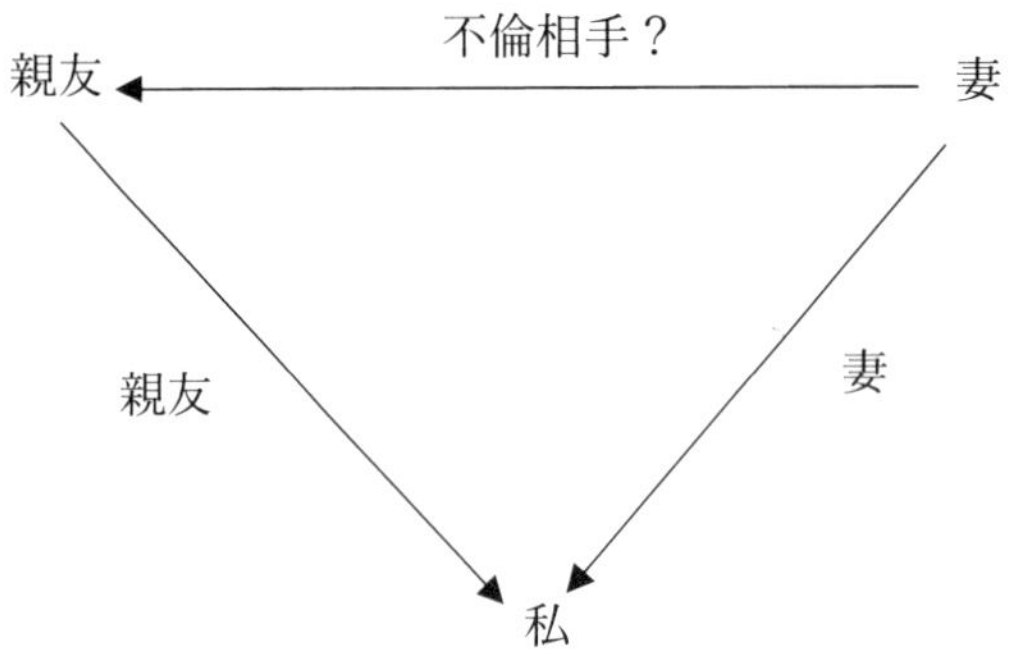

ここで、私に対して親友と妻はそれぞれ「親友として」、「妻として」現れてきているが、もちろんこの図式は可換にはならないだろう。というのも、ここでは妻は「妻として」現れてきているのであって、「親友の不倫相手として」現れてきているわけではないからである。私はこの不倫関係を知らないのだから、私に対して妻がそのような仕方で現れているということは考えられないし、私から見た二人の関係も「不倫相手」という関係ではないだろう。それゆえ、この図式の私へ向かう二本の射は確かに（元の圏の射であって、それゆ

え）スライス圏の対象であろうが、しかしこの両者を不倫相手としてつなぐスライス圏の射は存在しない。スライス圏の射として考えられるとすれば、それは私から見た「親友に対する妻の現われ」という関係を表すものであり、それは「（彼から見た）親友（である私）の妻」というものであろうから、結局のところ以下のような可換図式だろう。もちろん妻は私にとって「妻として」現れているのだが、同時に私は「親友の親友」でもあるのだから、妻は同時に「親友の親友の妻」としても現れているわけである。それゆえこの図式は確かにスライス圏の射であり、「私から見た妻と親友の関係性」として問題なく解釈できる。ここには何の問題もないように思われる。二人のあいだにある「親友の妻」という関係は私から見えている関係だが、「不倫相手」という関係は私からは見えないので、スライス圏の射は前者だけであり後者は含まない、というわけだ。

しかし、元の圏に戻って考えれば必ずしもそうはいかないはずである。スライス圏は「私という視点から見える世界」であるが、元の圏は視点に依存しない世界の在り方を表しているはずである。そこでは、私のあずかり知らぬところではあるが、親友に対して妻は「不倫相手」として現れているはずである。つまり、上の図の二本の射は元の圏には確かに存在すると考えるべきだろう。しかし、もしそうであるなら、圏には射の合成が要請されるから、この二本の射を合成した下図の射が元の圏には必ず存在しなければならない。

だがそうなると、スライス圏の対象は私へ向かうすべての射だから、「親友の不倫相手」という妻から私へ向かうこの射は、スライス圏の対象に含まれていなければならない。そうであるならば、元の圏で可換となるこの三角形の図

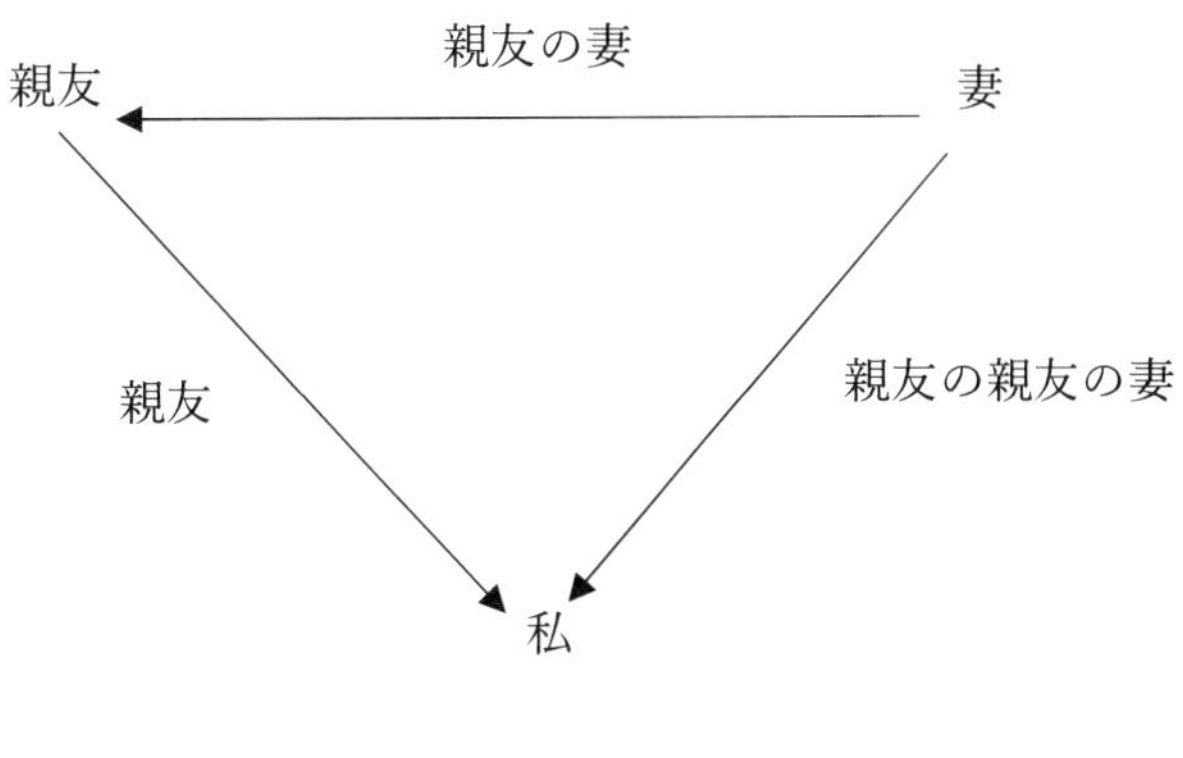

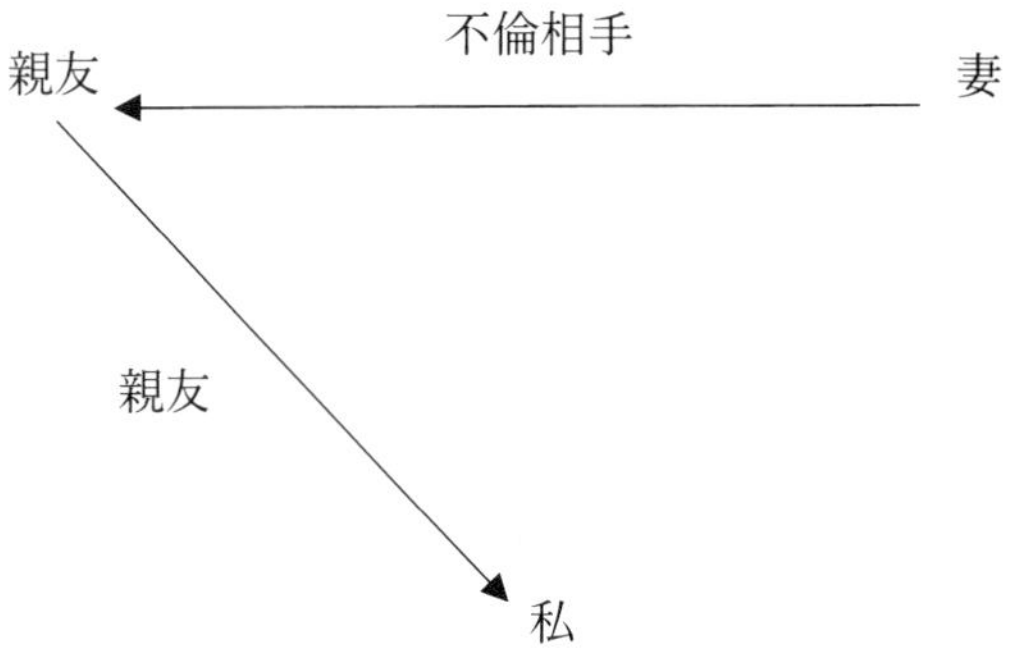

式そのものも、スライス圏の射の中に含まれていなければならない。つまり、私の視点から見た世界の現れであるはずのスライス圏の中に、私の知らないはずの不倫関係が射として含まれていることになるのである。これはどのように考えたらよいだろうか。

逆に、私が不倫関係のような事実を知らないのではなく、事実無根の不倫関係を誤解によって誤って信じてしまうこともありうる。この場合、もし私へ向かう元の圏の射が「私への対象の主観的な現われ」を表すのであれば、事実とは異なるとしても主観的には妻は私に対して「親友の不倫相手」として現れてしまっているのだから、妻から私に向かう以下の射があると考えてもおかしくないだろう。

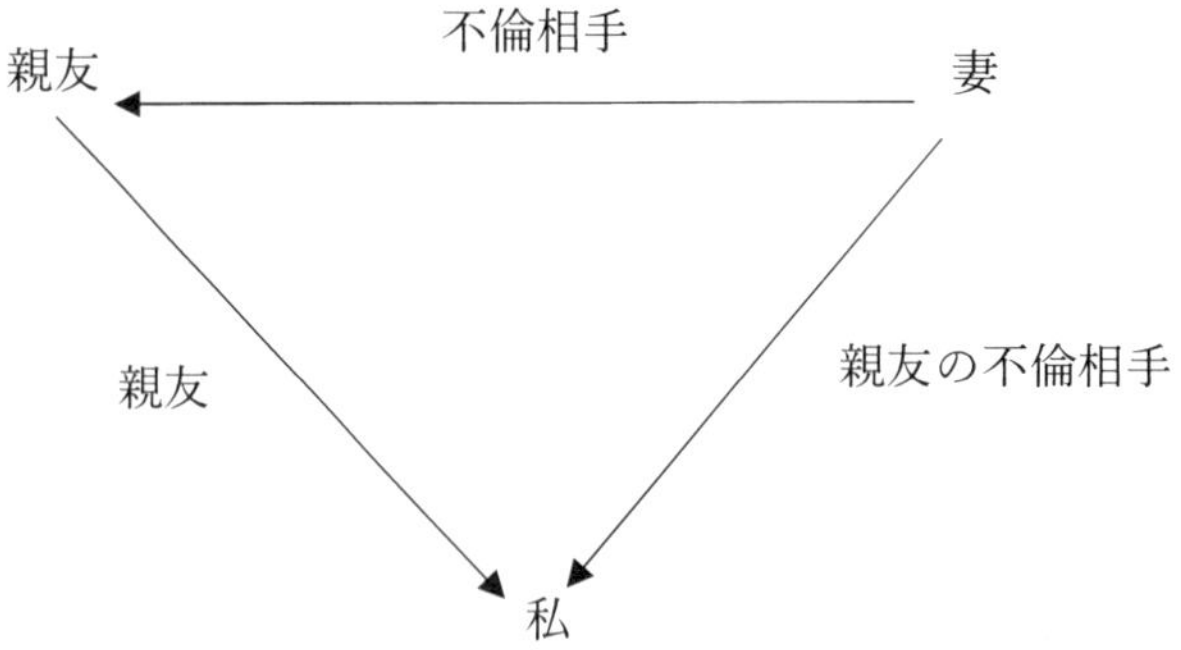

だがもしそうであるなら、妻から親友へ向かう「不倫相手」という射の方はどうであろうか。もしこの射が（元の圏に）存在しないなら、スライス圏にもこの三角形は射として存在しないことになり、それゆえ、妻は私に「親友の不倫相手」として現れて来ているにもかかわらず、私から見た世界の現れであるスライス圏には「親友の不倫相手」と「親友」のあいだに「不倫相手」という関係性は存在せず、すなわちこの関係は私には見えていない、という奇妙なことになる。他方で、もし妻から親友へ向かう「不倫相手」と

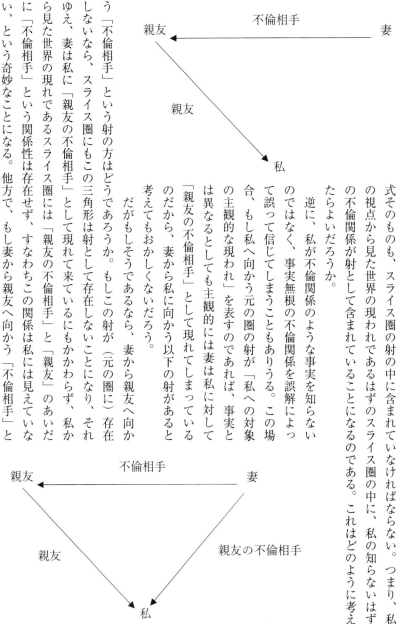

いう射が元の圏に存在するなら、それは「親友の視点から見て」妻が親友に不倫相手として現れていることを意味する。これは不倫関係が私の誤解であるという仮定にそぐわない。それゆえ、いずれにしてもおかしな帰結を生むように思われるのである。

　こうした奇妙さは、スライス圏における「現れ」を通常の意味での意識への現れではなく、ライプニッツ的な微小表象も含めたあらゆる表出関係として考えれば整合的に理解できるかもしれない。つまり、たとえ私が通常の意味では意識的には気づいていない不倫関係であっても、私は潜在的には世界のすべてを表出しており、したがって私は意識できないレベルで妻を「親友の不倫相手」としてじつは表出しているのだ、と考えるわけである。また、関係性を誤解している場合には妻と親友の表象が混乱しているために誤ってそこに「不倫関係」を見てしまっているだけであり、じつは妻は「親友の不倫相手」としては表出されていない、と考えれば誤解のケースも回避できる。じっさい、田口と西郷はスライス圏の発想とライプニッツのモナドロジーとの親和性を明示的に示唆している（田口・西郷、2020, pp. 209-210）。しかしながら、こうしたライプニッツ的な表象理解と通常の意味での「主観への現れ」とはただちには同一視できないものであり、フッサール自身がライプニッツのモナドロジーに接近する論述をすることもあるとはいえ、フッサール現象学の「意識」や「現れ」の理解との異同もただちには断言できないものである。逆に、そもそも視点依存的ではない「元の圏」の構造を素朴に前提することはできず、我々に与えられているのはむしろ「スライス圏」の方なのだ、という方向から考えることもできるかもしれない。しかしその場合でも、それをあくまで「スライス圏」と考える

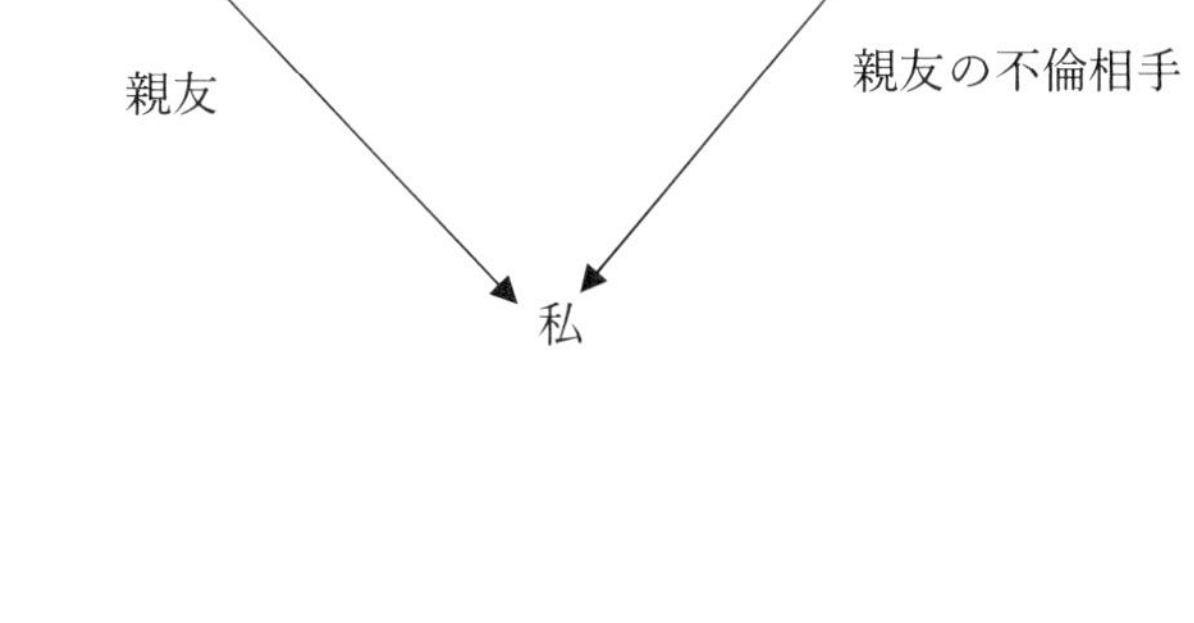

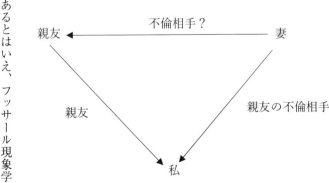

なら、それは何らかの「元の圏」のスライス圏として捉えられなければならない。それゆえ、いずれにせよここでのスライス圏のモデルにおいて元の圏の射およびその合成というものを正確に言ってどのようなものとして考えるのか、その際「現れ」ということをどのように捉えることになるのかは、より詳細に説明されるべきものだろう。

五　結び

以上、田口と西郷による現象学の圏論的展開の議論を紹介しながら、いくつか説明を要する点を指摘してきた。これらの指摘はもちろん、現象学への圏論の適用可能性を否定するためのものではない。既に述べてきたように、媒介論的な現象学理解や射映構造における現出者の同一性の問題、変様論の問題などは哲学的に極めて重要な論点であり、また圏論がなぜそこに適用できそうかという大まかな方向性に関する限り、圏論の数学的特徴と少なくとも相性のよさが伺えることは十分に理解可能なものである。それゆえ、細部にいまだ説明を要する点があったとしても、それはこうした研究を断念する理由にではなく、むしろこの作業仮説により多くの研究者が参与する理由にこそなると私は考える。したがって、現象学の圏論的展開が可能であると本稿の議論で断言するわけにはいかないが、可能性を探る価値は大いにあるのではないかという見込みを示したところで、本稿を閉じることにしたい。

註

（1）Mac Lane, 1998, p. 289; Awodey, 2010, p. 23。また、Shapiro, 2000, 第十章注七を参照。

（2）圏論自体の定評のある教科書としてはAwodey, 2010; Riehl, 2016などがあるが、数学書を読み慣れない哲学研究者がいきなりこれらに取り組んでも読み進めるのは難しいかもしれない。初歩的な内容に限られるが、可読性が高くコンパクトにまとまった入門としてはPierce, 1991や横内, 1994の第五章などがある。必ずしもコンパクトではないものの、噛み砕いた説明で予備知識のない読者を誘う努力に満ちた入門書としてLawvere & Schanuel, 1997; 西郷・能美, 2019を挙げておく。

（3）田口・西郷は「域」と「余域」という用語法を採用しており（田口・西郷, 2020, p. 204; 西郷・田口, 2019, p. 100）、これは原語が"domain"と"codomain"であることと、双対概念を表す接頭辞の"co"を一貫して「余」と訳すのが定訳であることから合理的な訳語なのであるが、馴染みのない読者にはどちらが矢印の始点でどちらが終点だったのか即座にわかりにくい可能性があるため、本稿では「始域」と「終域」という訳語を採用した。

（4）関数の合成の表記法は文献によって逆順の場合もあり、その場合本文中の合成関数は$f∘g$となり、これは左から読んで実行順で読めるという合理的な理由もあるのであるが、本稿では慣例上の主流に従う。

（5）なおもちろん、この意味での図式の「可換性」と先に述べた演算・合成の前後が入れ替え可能であるという意味での「可換性」を混同してはならない。

（6）分野によっては「関数」と「写像」を区別する流儀もあるが、本稿では区別しない。

（7）もちろん、この等式自体はたとえばモノイドや群、環、体などの単位元を定義するものと同じであり、恒等射の定義も両辺の射fという「対象の同一性」を前提して「射に対する高階の恒等写像」を定義しているだけと見ることもできる。しかし、恒等射の定義が射の相互作用におけるネットワーク全体の中での振る舞いによる定義の最も簡単な一例であるとは言えるし、圏における定義のこうした特徴は全射、単射や直積、直和などの圏論的定義の場合によりはっきりする。

（8）ただし、「プロセス」の同一性として考えた場合には「こちらからは何も手を加えない」からといって「プロセスとして何も起こらない」とは限らない。自然な時間経過による変化が起こりうるからである。たとえば先程の洗濯の例で言えば、「洗濯してすぐに干す」という操作と「洗濯してしばらく何もしないでいてから干す」という操作は同じプロセスには帰着しないだろう。後者ではおそらく雑菌が繁殖するからである。これはすなわち、「何もしないで放置する」というプロセスの合成は必ずしもプロセスを同一に保つとは限らないことを意味している。恒等射はあくまで「他のプロセスとの合成においてプロセスの同一性を保つ」というプロセス間の相互作用における振る舞いによって定義されているのであって、「放置」という一見何もしない操作であっても定義を満たさないならば恒等射ではない。それでも「洗濯の圏」における恒等射を抽象的に考えることはでき、それは「一連の手続きに書き加えても何らプロセスを変更しないもの」として抽象的に考えられたプロセス、あえて言えば「0秒放置する」といった操作になるだろう。もちろんその操作は操作として実質的な意味を持たないのであるが、後述のように圏の定義が恒等射の存在を要請するために射の集まりの中に含めて考えるのである。なお、この圏の射の始域と終域については解釈の余地があるが、たとえばすべて「衣類の可能な諸状態の集合」を始域と終域とすると考え、洗濯やたたみといったプロセスはこの集合上の関数（つまり衣類をある状態からある状態へ写す関数）と考えればよいだろう。

（9）射のネットワークとしての圏、という見方を強調するため対象の集まりを先に仮定せず射の始域と終域に対して恒等射を要請するという順で記述したが、他の射の始域や終域になっていない孤立した点における恒等射があっても構わない。その場合でも、恒等射自身も「矢印」のひとつであるため、その始域と終域のすべてに恒等射が存在するという記述で誤っているわけではない。また、単に射の「集まり」が圏であるというよりは、それらのあいだの合成という演算の成す代数的構造が圏であると言った方が正確であろう。ただしもちろん、通常の代数構造における内算法は全域で定義されるのに対して、射の合成は始域と終域が一致したペアにしか定義されないことには注意が必要である。

（10）この圏を集合論的に記述しようとした場合、対象の集まりが大き過ぎて狭義の「集合」にならないという問題はあるが、ここでは本質的ではない。

（11）なお、土谷・西郷，2019, pp. 465-466でも語られているように、ここで言う「順序関係」は一直線上にすべてが大小関係で並んだいわゆる「線形順序」でなくともよい。本文で述べた通り圏の定義を満たすために重要なのは反射性と推移性だけだからである。それゆえたとえば先輩と後輩とのあいだには序列があるが同期同士に順序関係はないというような比較不可能な対を含む「半順序」であってもよいし、より一般化された「前順序」であっても圏の定義は満たす。なお、土谷・西郷の前掲箇所では前順序の概念が説明されているが、そこで強調されているポイントは線形順序（全順序）と半順序の違いであって、（線形順序を含む）半順序と前順序の違いではないので、ややミスリーディングである。半順序と前順序の違いは比較不可能な対の有無ではなく、反対称性の有無、すなわち比較可能であり双方向に順序関係が成り立つが同一ではない対があるかどうかである。

（12）ただし、順序集合上の要素がそれ自体何らかの集合として定義でき、順序関係の射を恒等写像および包含写像と同一視する場合にはこの圏は写像のネットワーク「でもある」。しかしポイントは、圏の定義を満たす矢印のネットワークさえあればその矢印の実質は何でもよいのであり、いわゆる「関数」のようなものに限る必要はないということである。

（13）じつは私自身も、拙著『フッサール――志向性の哲学』においてこうした視点から志向性の説明を試みた。そこではあらかじめ同定された対象とのあいだに写像関係を指定することで志向性の成り立ちを説明するような（たとえばヒンティッカの可能世界意味論による志向性解釈のような）理解を斥け、ある思考がどのような他の経験によって正当化されるのか、という経験同士のネットワークの振る舞いによって志向性を説明する描像を提示している（富山，2023）。この点で私の志向性解釈もおそらくは圏論的理解と相性はよいはずであるが、拙著では明示的には圏論的定式化には踏み込んでいない。

（14）物体がこうした多様な現れにおいて我々に経験されることは、フッサールにおいては「射映」論として語られる。圏論的定式化に依らない田口の射映論理解は田口、2014の第二章に詳しい。

（15）なお、圏Cから圏Dへの対応づけFが合成を保存するなら、Cの任意の恒等射idと（合成可能な）任意の射gについて$F(g)\circ F(id) = F(g\circ \mathrm{id}) = F(g)$だから、ここから$F(\mathrm{id})$が$D$における恒等射であることを導けるように思われるかもしれない。しかし、gが任意であってもDにおける合成可能な射で$F(g)$の値域に含まれない射はあり得るため、それについても同様の等式が成り立つことが保証されなければ$F(id)$がDにおける恒等射であることは導けない。それゆえ関手の定義にはふたつの条件が共に必要である。

（16）ただし、実数のような大掛かりな集合を用意する必要は必ずしもなく、実際上は有理数でも十分であろうし、mmを単位とすれば自然数でも十分であろう。

（17）ただし、西郷と田口の論述には知覚現出がじっさいにはどのような圏からどのような圏への関手なのかに関する詳細な記述はない。対象の圏に対してある視点からの見えの圏を対応させる関手を考えることができ、対象の同一性を自然変換の存在で捉えることができる、ということの簡潔な指摘は日高，2019, p. 461、では知覚におけるそれぞれの圏は具体的にどのような圏と考えることができるのか、ということの詳細な検討は日高・高橋，2021を参照。

（18）もちろん、10以上の自然数にはすべて「10から」射が伸びているのだから、10にとってこれらも認識できるものだと見ることもできよう。じっさい、これらの射を対象として集めてつくられるのがスライス圏の双対であるコスライス圏である。しかし、これらを一緒くたにすることはできず、数学的定義においては厳密に分けて考える必要がある。スライス圏の対象の定義には10からの射は含まれず、含まれるのはあくまで10への射のみである。

（19）じっさいには私は独身なのでこれはまったくの架空の例である。安心してお読みいただきたい。

文献表

Steve Awodey, *Category Theory*, second edition, Oxford University Press, 2010

Paul Moritz Cohn, *Basic Algebra: Groups, Rings and Fields*, 2003

原啓介、『集合・位相・圏：数学の言葉への最短コース』、講談社、2020
日高昇平、「「誌上討論：圏論的アプローチで意識は理解できるか」編集にあたって」、『認知科学』第26巻第4号、2019, pp. 456-461
日高昇平、高橋康介、「ネッカーキューブはなぜあの立体にみえるのか」、『認知科学』第二八巻第一号、2021, pp. 25-38
F. William Lawvere, Stephen H. Schanuel, *Conceptual Mathematics: A First Introduction to Categories*, Cambridge University Press, 1997
Saunders Mac Lane, *Categories for the Working Mathematician*, second edition, Springer, 1998
森田康夫、『代数概論』、裳華房、1987
Benjamin C. Pierce, *Basic Category Theory for Computer Scientists*, The MIT Press, 1991
Emily Riehl, *Category Theory in Context*, Dover, 2016
西郷甲矢人、田口茂、『現実とは何か：数学・哲学から始まる世界像の転換』、筑摩書房、2019
西郷甲矢人、能美十三、『圏論の道案内：矢印でえがく数学の世界』、技術評論社、2019
斎藤慶典、『思考の臨界：超越論的現象学の徹底』、勁草書房、2000
Stewart Shapiro, *Thinking about Mathematics: The Philosophy of Mathematics*, Oxford university Press, 2000
田口茂、『フッサールにおける〈原自我〉の問題：自己の自明な〈近さ〉への問い』、法政大学出版局、2010
田口茂、『現象学という思考：〈自明なもの〉の知へ』、筑摩書房、2014
田口茂、西郷甲矢人、「圏論による現象学の深化：射の一元論・モナドロジー・自己」、『現代思想』第四八巻第九号、2020, pp. 202-214
富山豊、『フッサール——志向性の哲学』、青土社、2023
土谷尚嗣、西郷甲矢人、「圏論による意識の理解」、『認知科学』第二六巻第四号、2019, pp. 462-477
横内寛文、『プログラム意味論』、共立出版、1994
雪江明彦、『代数学3：代数学のひろがり』、日本評論社、2011

レヴィナスと声の現象学
――フランス現象学の一側面――

平岡　紘

現象学は一九三〇年代にフランスへ本格的に導入されると、四〇年代にとりわけハイデガーの影響下でサルトル、メルロ＝ポンティによってその可能性が押し広げられたのち、五〇年代後半以降「フランス現象学」と呼ばれる、独特な現象学的思考を提示する哲学運動へと展開していく。大きな広がりと深みと錯綜を有するこの運動総体をどのように理解し、位置づけるかはなお一つの大きな課題である。よく知られているようにＤ・ジャニコーは、レヴィナス、アンリ、マリオン、Ｊ－Ｌ・クレティアンを取り上げ、この四人が一様に、志向性とノエシス―ノエマの相関関係をその根本構造とする現象性と手を切り、これらの枠組みを超え出る現象性――レヴィナスの「顔」やアンリ的な「内在」など――へと向かう方向性をもつことを指摘し、この動向をフランス現象学の「神学的転回」と批判した。[1] この見方はさまざまに批判され、また後にジャニコーそのひとによって「神学的」という形容がいわば撤回されるが、[2] フッサール現象学を乗り越えつつなおも現象学たらんとするフランス現象学の動向をどのように理解するかという問題提起そのものの意義は大きく、回答の試みは数多くなされている。例えばＦ－Ｄ・セバーは、レヴィナス、アンリ、デリダを素材として、フランス現象学がいかにして志向性概念を再考し、またいかにして主観性をめぐる独特な考え方を練り上げていったかを探っている。[3] 近年では、「フランスにおける新たな現象学」の独自性を、意識による意味付与に反する「意味形成」の出来事として現象をとらえる見方（マリオンおよびM・リシール）に見いだす試みもなされている。[4] いずれにせよ、フランス現象学をその全幅にわたってとらえる困難な作業は、私たちに課されたままである。

そうした作業への小さな寄与として本稿は、フランス現象学が、すぐれて見えないものである「声（voix）」や「音（son）」[5]、「発話（parole）」、「呼び声（appel）」といった事柄をめぐって省察を深めてきたことに着目する。[6] まず挙げるべきはレヴィナスである。彼は早い時期から一貫して、光と見えるものの現象性におさまらない現象性を音声的な表現を用いて記述している。例えば存在者なき存在としての「ある（il y a）」は「沈黙のつぶやき（murmure du silence）」（TA, 26）であり、他者との関係の原型は発話、すなわち口頭での対話の場面に求められる（cf. TI, 156-157）。呼び声に関して言えば、マリオンの贈与の現象学が参照されるにふさわしい。彼は知覚対象および数学などが扱う理念的対象に限られていた伝統的な現象概念を、直観が意味志向をはみ出してしまう「飽和した現象（phénomène saturé）」――例えばアンリ的な自己触発の「肉」、レヴィナスの顔のように私を見つめてくる「イコン」――にまで拡大し、かかる飽和した現象の贈与とそれを受け取る人間的主観に相当する「受与者（adonné）」との関係を、「呼び声」と「応答（réponse）」（ないし「応唱（répons）」）として記述している。[7] また、クレティアンは魂と身体という古典的な区別を真剣に受け止めつつ、声と発話の分析を通じて独特な倫理的思考を展開しており、今後本格的な検討が必要であろう。[8] 他方、声は、人間的主観に特有の自己同一化――自己意識、自己現前、自己触発――の問題系の中でも考察され、豊かな成果をもたらしている。「自分が話しているのを聞く（s'entendre parler）」という経験の分析から、デリダ『声と現象』が差延を導出し、アンリ『哲学と身体の現象学』が内在における受動性を強調していることはよく知られていよう。この問題系は、「自分が生きているのを聞く（s'entendre vivre）」という、「息による耳の触発」として成り立つ「肉的自己触発」を提示するデュフレンヌの聴覚論や、「自らを呼び、名乗る（s'appeler soi-même）」という原初的な呼びかけに内在的自己触発の一様態を見るロゴザンスキーの自我論など、興味深い展開をもたらしている。[9]

以上のすべてを詳細に分析することはここではできない。本稿ではレヴィナス、とりわけ一九六〇年代後半以降に展開されるいわゆる後期の思考を主たる検討対象とする。というのもそこでは、「響き（résonnance）」や「こだま（écho）」といった音声特有の事象に関わる語彙が決定的な役割を果たしているからである。[10] 後期主著『存在するとは別の仕方で』の思索は、自己同一化に先立って、つねにすでに他者から呼びかけられてしまっていることを根源的な――レヴィナスの言葉遣いで言えば先根源的な――自己性として提示する、ラディカルな自己論である。私は他者からの呼びかけに遅れており、この「遅れ」に責任がある（AE, 110）。呼びかけられ、遅れることなく応答することはもはや眼目とならない。呼び声は、私の現在には決して回収できない過去から到来するのであり、「呼び声は〔中略〕応答において聞かれる」（AE, 190）のである。[11] レヴィナスはこうした逆説的な筋立てを、フッサールによる内的時間意識の分析とハイデガーの存在論的差異とを重ね合わせつつ検討することを通じて導出していくのだが、その歩みは、一般に光の形象をとる真理としての存在の開示が実は「沈黙の声」（AE, 172）による「沈黙の響き」（AE, 38 et passim）であることを明らかにし、そこから、かかる沈黙の響きのうちに響いている「それ自身のこだまのうちで響く音」（AE, 130）あるいは「そのこだまの中でのみ聞き取れる音」（AE, 134）であるような、呼びかけられた自己そのものたる「私の声の音」（AE, 190）へと遡行する、という軌跡を描く。後期レヴィナスの思考の核心を描きとるものである以上、こうした音声的表現を単なるレトリックとして割り引いてはならないだろう。本稿は、今スケッチしたレヴィナスの歩みをあとづけつつ、右に名を挙げた哲学者たちの思索をも参照することを通じて、フランス現象学の一つの局面を浮き彫りにする試みである。

一　光から響きへ――ロゴスの二重語法

レヴィナスはハイデガーがもたらしたのは存在の「動詞性（verbalité）」であると随所で強調している（EI, 34）。

しかし動詞であるとはいかなることなのか。存在の語が動詞として機能するとはいかなることなのか。レヴィナスは存在論的差異に「存在と存在者との二重語法（amphibologie）」を見て取り、そこから存在という動詞は何を語るのかを究明していく。存在が自らを示すこと、存在の開示が真理であるとして、それでは「存在の名のもとに顕現するのは何なのか」と問うて、レヴィナスはこう書いている。

> 眼目となっているのは名詞なのか動詞なのか。存在という語は、存在する一つの存在体——理念的なものであれ事象的なものであれ——を指示するのか、それともこの存在体の存在するプロセスすなわち存在すること（*essence*）を指示するのだろうか。語は指示するのだろうか。たしかに、それは指示する。しかし、それは指示するだけだろうか。というのももし指示するだけであるなら、動詞であったとしても、語は名詞であるのだから。そしてプロセスは、それが運動であるとしても、指示の影響のもとで顕現するが、しかし〈語られたこと〉のなかで不動化し固定されることになる。（AE, 29）

「語られたこと（le dit）」とは、「語ること（le dire）」と対となる後期レヴィナスの概念であるが、ここでは「名詞の体系」（AE, 44）のことである。名詞の機能は「指示する（désigner）」ことにあるが、これは単に何かを指し示すだけのことではなく、それを「名指す（nommer）」ことないし「命名する（dénommer）」ことに他ならない。「語は名指すことであると同時に、命名すること、「これをこれとして（ceci en tant que ceci）」あるいは「これをあれとして（ceci en tant que cela）」聖別することである」（AE, 46）[12]。レヴィナスはここで名詞の指示と意識の意味付与を重ね合わせ、前者が後者を可能にするとみなしている。レヴィナスは一貫して、意識の志向性を意味付与（Sinngebung）として、つまり理念的な意味を介した対象への関係として理解する。例えば金星を明けの明星として理解するように、「これをあれとして」理解すること、与えられた「これ」を「あれ」という理念的意味のもとに包摂して同一化することが何かを意識することなのであるが、それは名詞の指示機能によって裏打ちされているのである。それゆえ意識に現れる対象は、眼前の個体であっても、その色の移ろい（射映）であっても、「思念の多様性を通じて同一化される」「理念的な極」（EDE, 147）である。ここからレヴィナスは、意識の志向性ないし名詞の指示によって成り立つ同一性の領野を「光」と名づけ、しばしば現象を光の中での「燐光（phosphorescence）」（AE, 84）ないし「輝き（luisance）」（AE, 83）と呼ぶ[13]。

　動詞もまた、名詞として扱われる限り、対応する一定のプロセスを指示する。例えば名詞「赤くなる」は、赤くないものが赤いものに変わるといった出来事を指示する。「存在する」という名詞もまた、「存在するプロセス」や「存在する出来事」を指示する、と言いうる。だが、とレヴィナスは指摘する、このような文言は、「どんな出来事もすでに時間を、その変化なき変様を想定している」のだから、「時間からではなく時間的なものから借り受けられた比喩」でしかない。これは、存在するという動詞が名詞化されるに先立ってまさに動詞として機能するとき、それは時間そのものを語る、ということを示唆していよう。「存在するという動詞は、時間が流れることを語る。〔中略〕あたかも存在において、動詞は初めて動詞としてのその機能に合流するかのように、である」（以上、AE, 43-44）。それでは、存在するという動詞はいかにして時間を語るのか。まさにここにおいて、「響き」の語が登場する。「陳述の動詞――これが固有の意味での動詞である――すなわち存在するという動詞――において、存在することが響き、聞かれる（résonne et s'entend）」（AE, 53）。何かについて何らかのことを語るとき、動詞は、指示するのではなく存在を響かせる。動詞において、存在は、存在する出来事ではなく、「沈黙の響き」（AE, 38）として「聞かれる」のである。どういうことか。

　レヴィナスによれば、「〈AはAである〉は、「音が響く」や「赤が赤くなる（le *rouge rougeoie*）」と同じようにも聞かれる。〈AはAである〉は〈AがAになる（*A a-oie*）〉として聞かれるのである」（AE, 50）。「赤が赤くなる」と語るとき、「赤くなる」という動詞において「赤の存在すること」あるいは「存在することとしての赤くなること」が「聞かれる」（AE, 50）。つまり「赤くなる」という動詞において「動詞の動詞性」（AE, 50）たる存在が響き、また同時に「赤」という名詞化された形容詞が「副詞的に、より精確には存在という動詞の副詞として」響くのである（AE, 44）。同様に「AはAである」というトートロジーでは、「Aになる」という動詞において「Aの存在することが響き、あるいは振動し、あるいは時間化する仕方として聞かれる」（AE, 53）。名詞によって指示される同一的な存在者は、それについての語りにおいて「動詞的に、存在することの「仕方」として〔中略〕自らを聞かせる」（AE, 49）わけである。かくして存在という語が動詞として機能するとき、存在はまさに自らを示している。「沈黙の声」による「沈黙の響き」として「聞かれる」ことで自らを示している。それが存在それ自体の開示としての真理なのである。(14)

　このように、言葉は「名詞の体系」とも「述定的命題における動詞」（AE, 51）とも考えられるが、このような名詞と動詞の、つまり存在者と存在の二重語法によって特徴づけられるのが「語られたこと」であり、「ロゴス」である（AE, 54）。ただし、そこでは存在者と存在は等価ではなく、「存在者が存在を隠蔽する」（AE, 8）という関係にある。言い換えれば、「〈語られたこと〉において存在することは、響きつつ、名詞になろうとしつつある」（AE, 53）。存在の響きが聞かれる陳述は、確かに何かを語ることなのだが、それは「〈語られたこと〉へ向かい、そこに吸収される〈語ること〉」（AE, 47）なのである。

二　響きの時間性――擾乱の筋立て

　それでは、いかにして私自身の声へ遡行すればよいのだろうか。ロゴスの内に「声の忘れられた調子が響いている」（AE, 33）のはどのようにしてか。注目しなければならないのは、レヴィナスがしばしば、「光あるいは響き」や「光と響き」と両者を並べて書いているというテクスト的事実である（AE, 47）。(15) レヴィナスはさらに、光を響きと形容することさえある。名詞化された動詞としての存在は、諸存在者が同一的対象として現象することを可能にする「見させる光」と呼ばれるが、この光そのものが見られ、語られることを可能にするのは、「「聴く眼」に対して比類ない響きによって、沈黙の響きによって響く〔中略〕光」（AE, 38. 強調引用者）であるとされるのである。存在と存在者、動詞と名詞の二重語法、ロゴスは、光と見えるものの領野であるだけではなく、音と聞こえるものの領野でもあるのである。この両義性の内実を解きほぐすためには、存在するという動詞が「時間が流れること（fluence du temps）[16]を語る」と言われていたことを思い起こす必要がある。眼目となっているのはフッサール『内的時間意識の現象学講義』である。フッサールは、意識の自己現前そのものであるような意識の現在の構造を、今与えられた感覚印象である「原印象」、たった今過ぎ去った原印象を保持する「把持」、今来たらんとする原印象をとらえる「予持」の三つからなるものとして分析していくが、その分析をレヴィナスがどう理解しているか、本稿の関心から見て重要な論点二つを確認しよう[17]。

一／原印象と把持の関係。例えば今与えられたメロディーの最初の音が過ぎ去り、次の一音が与えられると、前者はたった今過ぎ去ったものとして把持される。このような原印象と把持を、レヴィナスは相互依存的関係においてとらえる。すなわち原印象は、過ぎ去って把持されて初めて現在として意識される、と言うのである。しかるに、把持がたった今過ぎ去った原印象をそのようなものとして保持するとき、このミニマムな時間的隔たりの背後に、もう一つの時間を基準としてこの隔たりを確認するような、いわば不動の意識があるわけではない。したがって把持において意識はミニマムな時間的隔たりを介して自らに現前するわけだが、把持はかかる隔たりを思念する志向であると同時に、この隔たりそのものである。「隔たりを確認する視線は、この隔たりそのものである。時間意識は時間についての反省ではなく、時間化そのものなのである」（EDE, 154）。ゆえに「時間について流れることの言葉で語ること、それは時間について、時間的な出来事ではなく時間の言葉で語ることである」（AE, 43）。

二／意識の原初的形態と回収可能な時間。把持の志向性は原印象を対象ではなく新たな原印象に結びつける。たった今過ぎ去ったメロディーの最初の音は、その同一性を変化させることなく、たった今過ぎ去った音へと変様する。この音は、把持、把持の把持……と続いていく中でもまさに同じ、メロディーの最初の音として保持されるのであり、それゆえにこの音は、そこでメロディーが始まるという意味で原印象と呼ばれるのである。[18] 先ほどの引用で時間の「変化なき変様」と呼ばれていたのは、このことに他ならない。時間意識とは、あるいは一般に意識とは、このように「同一性において差異化すること、変化することなく変様すること」(AE, 41) なのである。かくして時間化とは、「瞬間の位相差と把持による隔たりの回収」(AE, 207) に他ならない。意識によって構成される時間は「回収可能な時間」、「何も失われることのない時間」なのである (AE, 41)。

このような意味で、意識の自己現前たる時間化は、光の到来そのものである。意識のミニマムな自己現前にあってさえ、そのうちに含む最小の時間的隔たりにおいて同一性が成り立つからである。たった今鳴った音は、もはや過ぎ去り失われたものであり、鳴っているそのときの音ではないが、それでもやはり同じその音として意識されている。この意味で意識そのものである時間化は、同一的な存在者が現れることを可能にする光の領野なのである。「時間の時間化において、光は、時間的な流れという、自分自身に対する瞬間の位相差によって生じる」(AE, 11)。「時間性は、自分自身に対する同一的なものの隔たりによって、存在することと根源的な光なのである」(AE, 38)。

ところで今、哲学史の伝統にしたがって、メロディーを聞く経験によって例証しておいたが (この例はフッサールのテクストにも登場する)、興味深いことにレヴィナスはそのような定石を踏まない。レヴィナスが時間化の原型を見いだしているのは「響き」なのである。このことは、「意識の時間は時間の響きと聴取 (entendement) である」(AE, 46) と述べられていることや、先ほど引いておいた文章で、「AはAである」が「音が響く」と同じように聞かれると書かれていることから読み取ることができる。なるほど存在の開示は「沈黙の響き」であって、通常の聞かれる音の響きではないが、それでも響くことにおいて、音の存在、つまりその時間化が聞かれるとレヴィナスが考えていることは確かである。音が鳴るとは、音が響くことなのである。より具体的には、時間の変化なき変様の一例としてレヴィナスが挙げている、「物静かな夜に家具がきしむ音」(AE, 37) をイメージすればよい。レヴィナスは、メロディーの進展に随伴しうる響きではなく、突如として一つの音が鳴り、その響きが残るという経験を思い描いている。言い換えれば、レヴィナスが原印象と把持のミニマムな関係を考察するとき、そこで着目されているのは、把持がたった今過ぎ去った音を新たな音に結びつけるという事柄ではなく、一つの音が鳴り、過ぎ去り、過ぎ去ったものとして把持されたその音を、その音の響きに結びつけるという事柄なのである。

些末な確認、あるいは度が過ぎた解釈に見えるかもしれない。しかし実際には、ここに後期レヴィナスの時間理解の核心が告げられている。メロディーは複数の音の連鎖であり、それゆえデリダが指摘しているように、たとえフッサールが時間を原印象と把持の複雑な連続体として提示していても、その時間理解はなお「線的なモデル」に、つまり私たちのごく日常的な時間のイメージにしたがっていると言いうる。[19] しかし響きは、このような線的なモデルでは記述できない時間のあり方、つまり「諸々の現在の単なる継起という筋立てとは別の時間の筋立て」(AE, 12) を示していないだろうか。眼目となっているのはまさに、後期レヴィナスの時間論的鍵概念である「隔時性 (diachronie)」概念に他ならない。この概念が言い当てようとしたことの一つは、意識によって回収することのできない時間の過ぎ去りのことである。それは例えば「老い」などの受動的な身体的事象のことであり (AE, 48)、あるいはまた他者の「顔」、とりわけその「皺の刻まれた皮膚」が、つねにすでに過ぎ去ってしまっている「自分自身の痕跡 (trace de soi-même)」だということでもある (AE, 112)。これまた後期レヴィナスの概念である「痕跡」は、何かがすでに過ぎ去ってしまったことだけを意味している。音が響くという事柄も、この点を理解させてくれるだろう。音の響きは、音が過ぎ去ることなしにはありえない。響きにおいて音は「隔時化する (se diachronise)」(AE, 50) のである。

しかしそれだけではない。音の響きは、老いや皮膚の皺の例からは読み取ることのできない事象を示してくれる。すなわち、音が鳴り響くことは、家具がきしむ音がよく示すように、突如として生じる一つの出来事であり、その意味で秩序を「擾乱 (dérangement)」しうるものだ、ということである。擾乱は、『別の仕方で』では背景に退いてしまっているものの、六〇年代の諸論文において強調される、顔が世界への「訪問（*visitation*）」（EDE, 194）であるとする見方に関わる重要な論点である。「謎と現象」（一九六五）から引こう。

擾乱は秩序を乱すが、秩序を真剣に動揺させることはない。擾乱は秩序にきわめて微細な仕方で入るため、私たちがそれを引き留めない限り、すでにそこから退いてしまっている。擾乱は紛れ込む——入る前に退くのである。擾乱は、まさにそれに応じようとする者にとってしか残らない。そうでないなら、擾乱は自身が動揺させた秩序をすでに修復してしまったのである。誰かがベルを鳴らした、戸口には誰もいない。誰かが鳴らしたのだろうか。（EDE, 208）

秩序を乱すことは、それに別の秩序を衝突させることではなく、秩序に「微細な仕方」で「紛れ込む（s'insinuer）」ことである。擾乱は、入ったと気づかれることなく秩序に入り込んでそれを乱し、入ったと気づかれたときにはもうすでに退いてしまっている。誰かがそこに忍び込み何ごとかをなし、もはやいないということだけが残されているると受け止められるとき、それは擾乱なのである。この意味で痕跡とは擾乱によって残されるものである。誰かが自身の行為の痕跡を消そうとして痕跡を残したとき、「彼は取り返しのつかない仕方で秩序を擾乱したのである」（EDE, 201）。ベルの音が鳴った。私がそこに誰かの行為の記号を見て取るのではなく、誰かがベルを鳴らし過ぎ去ってもはやいないという意味だけを読み取るとき、この出来事は私にとって擾乱であり、この音の響きはその過ぎ去りの痕跡なのである。

ここに隔時性概念の核心がある。すなわち、秩序の擾乱という出来事は、誰かがその秩序を乱したと気づかれたときに事後的に成立するのである。時間的な過ぎ去りそのものが秩序を乱すわけではない。ベルの音は、それ自体としては一定の物理的な因果系列の結果でしかなく、その原因からいかに時間的に隔たれていても、一つの結果として聞かれるなら擾乱の痕跡ではない（cf. EDE, 201）。ベルの音が鳴ったという出来事は、それを聞いた私が、誰かがベルを鳴らして過ぎ去ったということだと受け取り、それに応じようとするとき、事後的に秩序の擾乱として成り立つのである。この意味で、擾乱において、秩序から退くことは秩序に入ることに先立っている。秩序を退いたと受け取ることが、秩序に入ったという出来事を事後的に成立させるからである。

　このように響きは、擾乱へとつながりうる出来事という特徴を介して、本稿冒頭でスケッチした逆説的な筋立てを示しうる。ここで重要なことは、かかる筋立ては、私と他者のあいだで成り立つということである。音が響く出来事が、もはやいない誰かがなしたことだと受け止められるとき、その響きは痕跡とみなされ、そこに擾乱の出来事が事後的に成立する。まさにこの意味においてこそ、擾乱は、すでに過ぎ去ってしまったものとしてしか可能ではない。実際レヴィナスが言う「一度も現在であったことのないもの」（AE, 124）の過去とは、単に遠い過去ではなく、「私の時間へとなおも並べられるどんな過去・どんな未来よりも遠い一つの過去」（EDE, 201. 強調引用者）、すなわち「〈他者〉の過去」なのである（EDE, 211）。

三　こだまの中でのみ聞こえる音——自己そのものである声

　かくして響きという事象は、光の沈黙の響きのうちに響いている、存在の沈黙とは別の音のこだまを聞き取る道を開いてくれる[20]。ただしそのこだまは、他者の声のそれではない。本稿冒頭で確認しておいたように、呼びかけられた自己そのものであるような私の声のこだまである。擾乱を擾乱として受け止める私の有り様が眼目となっているのである。最後にこの点を考えていこう。

　再び「謎と現象」を参照しよう。見ておいたように擾乱する他者は過去から到来するのだが、レヴィナスはその過去を無限としての「彼」ないし「彼性（illéité）」——要するに神——と呼ぶ。この概念を用いてレヴィナスは、私が擾乱に応じる仕方を以下のように記述する。

攪乱は、その紛れ込みに私が応じることなしには成り立たない。攪乱は私を、まさに自身が成り立つための「パートナー」として「指名（assignation）」する。私だけが攪乱を攪乱として受け止めることができるのであり、かくして私は、攪乱に対して「譲渡できない責任」を負わされる（以上、EDE, 213）。しかるにこの指名によって攪乱は、決定的に過ぎ去ったものとして事後的に成立するのであった。かくして、攪乱への応答は「三つの項から成る筋立てである。〈私〉は、高邁な仕方で〈君〉に向かうことによって〈無限〉に接近する。〈君〉は、なおも私と同じ時間にいるが、〈彼性〉の痕跡のなかで、過去の深みを起点にして正面から現前し、私に接近するのである」（EDE, 215）。

ここにはすでに、『別の仕方で』の筋立ての基本線が出揃っていると言ってよい。他者に対する責任において、私は自己との安寧なる一致から引き剥がされ、かえって他の誰も私の代わりにこの責任を負うことはできないという意味で「選ばれた唯一なる私」（AE, 163）として指名される。しかるに、私がこのように他者に対する責任の近さのうちにあるのは、神からの命令による。他者へと赴くよう私に命じる神からの呼び声に私が「われここに（me voici）」と応じることで、私は神の「証し（témoignage）」となる。ただし神の命令を実際に聞いて応答してから他者に近づくというのではない。他者への接近において、神からの命令は「聴従する者自身の」すなわち私の「口の中で反響する」（AE, 187）のである。かくして「呼び声は〔中略〕応答において聞かれる」ことになる。(21)

『別の仕方で』は新しい論点を導入する。いわゆる「どんな受動性よりも受動的な受動性」（AE, 18）という論点である。すなわち、「私を唯一なるものとして同一化する指名への応答として暴露されることの受動性」（AE, 63）である。指名されるとは、否応なく他者に暴露され、しかもその暴露を自ら引き受けることさえできない仕方で暴露されているということである。かかる暴露において私は、自己同一化によって「私は（je）」と語る主格であるに先立って、対格（accusatif）にある。かかる「〈対格の自己〉（Se）」（AE, 143）こそ、呼びかけられ応答する自己に他ならない。

このように『別の仕方で』においては、擾乱というテーマが背景へ退き、指名における私の徹底的受動性が前面に置かれることで、呼び声と応答の逆説的な筋立てはいわば二重化する。呼び声が事後的に過ぎ去ったものとして成立するという点は変わらない。しかしこの事後的成立は、指名された私が私の現在において呼び声を呼び声として受け止めることによるのではなく、私が呼び声の指名に逃れようもなくすでに応じてしまっていることによるのである。「私はずっと以前から、責任の指名に暴露されてしまっていた（J'ai été depuis toujours exposé à l'assignation de la responsabilité）」（AE, 185）。あるいは、応答する「私自身の声」は「すでに聴従している」（AE, 179）。私がつねにすでに呼び声に応答してしまっているということから事後的に、さらに先立って呼びかけられたという出来事が成立するのである。

クレティアンは、後期レヴィナスが、「言葉が語る」という見方を核心とする後期ハイデガーの言語論から一歩も先に進んでいないと述べ、「呼び声についてのどんな根底的な思考も、呼び声が応答の中でのみ聞かれることを含意している」と結論する[22]。マリオンもまたこうした思考に共鳴しつつ、「アプリオリな呼び声は、応答のアポステリオリを待って、語られていたことになり始め、自らを現象化し始める」[23]と論じる。「どんな人間的な声も応答する」[24]、つまり私たちは何らかの呼び声に応じてのみ語るのだ、というわけである。なるほどそうであろう。しかしレヴィナスが聞き取ろうとしていたのはいわばその応答の声である。私たちは呼び声に応じてしまったから、いま語っている。私は呼び声に遅れているだけではない。呼び声に対する私自身の応答にさえ、私は遅れているのである。その応答とは「われここに」であり、それはまさにその応答以外の何ものも語らない声である（cf. AE, 182）[25]。かかる応答の声が、いま私が語っている言葉にこだましている。私の語りは、呼び声に対する応答なのではなく、一度も現在となったことのない過去から到来した呼び声に対してつねにすでになされてしまっている応答の声のこだまなのである。かかる声こそ、他者によって選ばれ呼びかけられた唯一者としての自己なのである。

結びに代えて――新たな課題

本稿はここまで、光から存在の響きへ、さらにそこにこだましている、自己そのものであるような私の声へと至るレヴィナスの歩みをたどってきた。最後にもう一度強調しなければならないのは、私が他者からの呼び声に気づくとき、それに応答する私の声はすでに過ぎ去ってしまっているということである。レヴィナスはつとに、他者との関わりに気づきそれを意識することは、「すでにこの関係を失うことであり、自己の絶対的受動性の外に出ることである」(AE, 155)と述べている。呼び声に気づくとき、私は呼び声に遅れているだけでなく、呼びかけられている限りでの自己、応答する声そのものである自己にも遅れてしまっている。私が何かについて何かを語っているとき、たとえ私という言葉を用いていても、自己自身そのものであるような私自身の声は失われてしまっている。

このような認定において、レヴィナスは存外に自己触発の哲学者たちに近いところにいる。例えば本稿冒頭でふれておいたようにロゴザンスキーは、自分への呼びかけに私の内在的自己触発を見る。「最も小さなフレーズ、最も些細な言表においてすでに、私は自らを呼び、名乗る(*Je m'appelle moi-même*)のであり、この原初的な呼び声は私の自己贈与の一様態なのである」[26]。他者の呼び声に応答できるためには、他者の呼び声に「われここに」と応答することができるためには、「エゴはまず自分自身を再び見出し、自分の声を再び見出さなければならない」[27]。「エゴの自己忘却」[28]と失われた私自身の声の再発見が課題である。アンリ的内在もまた、哲学史の中で「失われた内在」であった。こうした課題をレヴィナスも共有していると言ってよい。レヴィナスの言う呼びかけられた自己もまた、つねにすでに失われた自己、あるいは少なくとも忘れられた自己だからである。だからこそ、私は自分の声を再び見出さなければならない。自己自身の声を聴くことを学ぶこと、それが哲学の意味であることになるだろう。

かくしてレヴィナスの異他触発的自己とアンリ（とロゴザンスキー）の自己触発的内在の関係が、両者が重なり合うだけに、改めて問われねばならない。中心となる論点は、身体論である。後期レヴィナスの身体論は、「見えるものと見えないものの間のほとんど透明な隔たり」（AE, 113）としての「皮膚」を特権的な形象とする「傷つきやすさ」を核心とするが、他方アンリは、内在的な自己感受において与えられる「主観的身体」を「透明さ」[29]によって特徴づけ、また『受肉』ではかかる主観的身体と、それが物体的な身体として現れた有機的身体との関係を「皮膚」の分析によって記述する。[30]ここに見られる微細な差異の意味を探ることを通じてレヴィナス的自己とアンリ的内在の関係を探り、フランス現象学の別の局面を明らかにすること、この課題を登録して、ひとまず本稿を閉じることにしたい。

＊本研究はＪＳＰＳ科研費２０Ｋ１２７７８の助成を受けたものである

〔凡例〕

レヴィナスの著作への参照は、以下の略号とページ数を用いておこなう。

TA : *Le temps et l'autre* [1948], PUF, 2001.

TI : *Totalité et infini. Essai sur l'extériorité* [1961], Martinus Nijhoff, 1984.

EDE : *En découvrant l'existence avec Husserl et Heidegger* [1949], 2e éd. augmentée, Vrin, 1967.

DD : « Le Dit et le Dire », in *Nouveau Commerce*, n° 18-19, printemps 1971, pp. 20-48,

VV : « Vérité du dévoilement et vérité du témoignage », in *Le Témoignage*, Aubier, 1972, pp. 101-110.

AE : *Autrement qu'être ou au-delà de l'essence*, Kluwer Academic, 1974.

EI : *Éthique et infini. Dialogues avec Philippe Nemo*, Fayard et Radio France, 1982.

註

（1）D. Janicaud, *Le tournant théologique de la phénoménologie française*, Éditions de l'éclat, 1991.

（2）D. Janicaud, *La phénoménologie éclatée*, Éditions de l'éclat, 1998, p. 9.

（3）F.-D. Sebbah, *L'épreuve de la limite, Derrida, Henry, Levinas et la phénoménologie*, PUF, 2001.

（4）H.-D. Gondek, L. Tengelyi, *Neue Phänomenologie in Frankreich*, Suhrkamp, 2011. この書物をめぐるコロックの記録として、以下の論文集がある。C. Sommer (éd.), *Nouvelles phénoménologies en France*, Hermann, 2014.

（5）Cf. J. Derrida, *Donner la mort*, Galilée, 1999, p. 123.「不可視性の絶対的なもの、それはむしろ、見える構造をもっていないものであろう。例えば声すなわち自らを語るもの、あるいは語ろうとするものと、音である」

（6）これは直接的にはハイデガーの「良心の呼び声」（『存在と時間』）および「存在の呼び求め」（「『形而上学とは何か』への後記」）をめぐる思索に端を発するものだろうが、晩年のフッサールが経験一般を音声的表現において特徴づけていることも注目に値する（鈴木崇志『フッサールの他者論から倫理学へ』、勁草書房、二〇二一年、二三〇—二三一頁）。音声に着目するとき、フランス現象学は正統な現象学的思考の枠内にいると言うこともできるかもしれない。

（7）J.-L. Marion, *Étant donné* [1997], 3e éd. corrigée, PUF, 2005, Livre V et surtout §§26-29. マリオンの贈与論の簡にして要を得た紹介として、岩野卓司『贈与の哲学』、明治大学出版会、二〇一四年および同『贈与論』青土社、二〇一九年、第一〇、一一章がある。「受与者」の訳語は後者に負う。なお、マリオンは現象一般を主として見えるものをモデルにして考えていると見受けられ、その意味でレヴィナスの後継はマリオンよりもクレティアンに見出されるというD・アルビブの指摘は正当に思われる（D. Arbib, *La lucidité de l'éthique*, Hermann, 2014, p. 52, n. 71）。

（8）Cf. C. Riquier, « Jean-Louis Chrétien ou la parole cordiale », in *Critique*, n° 790, mars 2013, pp. 196-211.

（9）Cf. respectivement, J. Derrida, *La voix et le phénomène*, PUF, 1967, pp. 83-95 ; M. Henry, *Philosophie et Phénoménologie du corps*, PUF, 1965, pp. 227-239 ; M. Dufrenne, *L'Œil et l'Oreille*, Éditions Jean-Michel Place, 1991, p. 64 ; J. Rogozinski, *Le moi et la chair*, Cerf, 2006, p. 230.

（10）レヴィナスは中期主著『全体性と無限』で、他者がそれ自体として現れる一種独特な顕現を発話に求め、遡って二次大戦直後期の講演では音や言葉を聞く経験を現象学的に分析している。そこでは、まさにいま発せられている音や声を聴くという経験に注目していたと言ってよい。その議論の射程については拙論「音と記号――「理性」をめぐるレヴィナスと現象学――」、杉村靖彦・渡名喜庸哲・長坂真澄（編）『個と普遍』、法政大学出版局、二〇二二年、三〇三―三二一頁を参照されたい。

（11）後期レヴィナスの企図を一般的な言葉遣いで言い直しておこう。私がまずもってエゴイストであり、生き続けることを最大の関心事とするならば、他者に対する倫理的な態度やあり方は、私がとりうる様々な選択肢の一つでしかない。ではなぜ私は倫理的であらねばならないのか。いわゆる「Why be moral? 問題」は不可避である。そこで論究される道徳とそれがもたらしうる平和は、なるほど「理性」にもとづいてはいる。だが、結局のところそれは「万人の万人に対する戦いが、交換と交流となる」だけに過ぎず、平和は「不安定」にとどまる（以上、AE, 5）。倫理が意味をもつとすれば、私は私が意図するのに先立って、あるいはむしろ私の意に反して、つねにすでに他者との関係に巻き込まれ、他者に対して一方的に責任を負っていなければならない。他者への責任において私はエゴイスティックな利害関心から離れ、他者のために生きる。私は自ら善き人となるのではなく、善に選ばれる。かかる筋立てに倫理の核心があるのであり、このことを示すことが後期レヴィナスの目指すところなのである。

（12）『別の仕方で』の第一章から第五章は、それぞれその一部分が独立の論文として先行的に公表された。いま読解している第二章のこの箇所は、その先行論文「〈語られること〉と〈語ること〉」では、「名指すこと、「これをこれとして」あるいは「これをあれとして」聖別すること」である（DD, 29）。この論文では一貫してnommerが用いられているのに対して、『別の仕方で』はnommerとdénommerの両者を用いているが、それほど明瞭な区別がされているわけではない。なお、『別の仕方で』の「前置き」によれば、まず本書全体の構想があり、各先行論文はそこから切り出され、独立の論文へと仕上げられた（AE, ix-x）。公刊順序からすれば先行論文よりも本書があとなのであるが、本書の方がレヴィナスによってあとに手を入れられたとは限らない。実際、明らかに先行論文での表現のほうが正しく、本書での表現が誤っている箇所もある（cf. AE, 112）。

（13）これはおそらく、ハイデガー『存在と時間』第七節の現象の定義――「明るみにもたらされうるもの」――にならったものである。

（14）「沈黙の響き」という表現は、レヴィナス自身が書いているように（cf. AE, 172）、トラークルの詩を読解するハイデガーの言語論に由来するものである。Cf. M. Heidegger, *Unterwegs zur Sprache*, GA12, S. 27 ; trad. fr. F. Fédier, *Acheminement vers la parole*, Gallimard, 1976, p. 34.

（15）先行論文ではこの併記が見られない。例えば先行論文と『別の仕方で』で対応する、以下の二つの文を見てみよう。

先行論文：「一つの〈語られたこと〉に相関的な〈語ること〉は、明るくする〔強調引用者〕、体験された時間の変様（そしてこの変様それ自身が一つの語られたことにおいて同一化されうる）の中で同一化される実詞を名づける」（DD, 29）。『別の仕方で』：「〈語られたこと〉に相関的な〔中略〕〈語ること〉は、現象を現れさせる、体験された時間の光ないし響き〔強調引用者〕の中で存在者を名づけ、光と響き〔強調引用者〕もまた、別の〈語られたこと〉の中で同一化されうる」（AE, 47）。見られるように後者には、前者にはない「響き」が登場する。この点から、『別の仕方で』第二章については、先行論文の公刊よりもあとにレヴィナスが手を入れたヴァージョンであると推測することも可能だろう。

（16）fluenceという語は、H・デュソールによる『内的時間意識の現象学講義』の仏訳において、Fließenの訳語として用いられている語である。

（17）詳細については拙論「引き裂かれた現在――レヴィナスのフッサール『内的時間意識』の解釈をめぐって――」、『現象学年報』第三四号、日本現象学会、二〇一八年、一六一―一六八頁を参照されたい。

（18）Cf. G. Granel, *Le sens du temps et de la perception chez E. Husserl*, Gallimard, 1968, p. 67.

（19）J. Derrida, *De la grammatologie*, Les Éditions de Minuit, 1967, p. 98. ENSでデリダの友人であったG・グラネルもフッサールは「存在論的真理の存在的ミニチュア」を提示しているに過ぎないと書いている（G. Granel, *op. cit.*, p. 112）。

（20）セバーがつねに「痕跡ないしこだま」と書いているのはきわめて正当である。F.-D. Sebbah, *Levinas. Ambiguïté de l'altérité* [2000], 2e tirage, Les Belles Lettres, 2003, p. 53 et passim.

（21）このように呼び声と応答の逆説的筋立ては、マリオン、クレティアンとは異なり、レヴィナスにあっては特殊な文脈に置かれている。先行論文「開示の真理と証しの真理」では、「応答は求めの中でのみ聞かれる」（VV, 109）と書かれている。私からの求めに対する神の応答は、まさにその求めの中に聞き取られる、ということであろう。

（22）J.-L. Chrétien, *L'appel et la réponse*, Les Éditions de Minuit, 1992, p. 42. なお、この点について藤岡は、『存在と時間』の「良心の呼び声」の議論とこの後期レヴィナスの議論を突き合わせることを通じて、「ハイデガーにおける呼び声の聴取は、あくまでも呼び声を聴取しそれに応答する現存在の意志によっている」のに対して、「レヴィナスにおける「われここに」は、呼び声を聴き取ろうとする意志から生じるのではなく、呼び声が訪れるやいなや（呼び声に「先立つ」仕方で）「私に反して」生起する」と論じている（藤岡俊博『レヴィナスと「場所」の倫理』、東京大学出版会、二〇一四年、二七六―二七七頁）。

（23）J.-L. Marion, *op. cit.*, p. 395.

（24）J.-L. Chrétien, *La voix nue*, Éditions de Minuit, 1990, p. 7.

（25）R・カランはこのような声を「叫び」によって例証している（R. Calin, *Levinas et l'exception du soi*, PUF, 2005, p. 309）。

（26）J. Rogozinski, *op. cit.*, p. 230. ちなみにマリオンは、応答が呼び声に先んじることの例証として、父による子の名付け、子による父の名の引き受けを用いている（cf. J.-L. Marion, *op. cit.*, pp. 414-417）。その根本にあるのは、私の固有名は自己所有を保証するものではなく、私には疎遠なものとして、私が応答せねばならない呼び声であるという見方である（cf. *ibid.*, pp. 401-404）。本稿では立ち入ることができないが、名乗りは、自己触発と異他触発の関係や「自分が話しているのを聞く」という聴声の経験といった事柄とも関わり、私や自己について考える上で興味深い論点となるだろう。一つの考察として、拙論「〈私〉の唯一性――「私」と固有名の関わりから――」、『ひとおもい』三号、東信堂、二〇二一年、六四―八二頁。

（27）J. Rogozinski, *op. cit.*, p. 235. 名乗りをめぐるロゴザンスキーの議論については、本間義啓「誕生、時間、聴声――ロゴザンスキーによるアンリ解釈」、『ミシェル・アンリ研究』第九巻、日本ミシェル・アンリ哲学会、二〇一九年、七三―九六頁を参照。

（28）J. Rogozinski, *op. cit.*, p. 18

（29）M. Henry, *op. cit.*, p. 165 et passim.

（30）M. Henry, *Incarnation. Une philosophie de la chair*, Seuil, 2000, §31.

——シンポジウム報告——

現象学の新たな展開

提題者：池田　喬
中　真生
吉田　聡
司会：榊原哲也

二〇二二年十月三十日に東京大学本郷キャンパス法文二号館一番大教室において、対面およびオンライン（Zoom）によるハイブリッド形式で、哲学会第六十一回研究発表大会のシンポジウム「現象学の新たな展開」が開催された。本稿ではその報告を行う。

このテーマが選ばれた背景には、以下のような事情があった。もともと現象学は、多様な展開を遂げた哲学であった。よく知られているように、二十世紀初頭、現象学はフッサールによって創始されたが、その後、シェーラー、ハイデガー、サルトル、メルロ＝ポンティ等によって独自の仕方で受け継がれて多様に展開し、「現象学運動」と呼ばれる一大思想運動となった。この展開は、哲学の領域にとどまらず、社会学や宗教学、教育学や看護学等にまで大きな影響を及ぼしつつ繰り広げられ、今日に至っている。

けれども近年、現象学は、従来からの展開とは少し異なる形で、「新たな展開」を遂げつつあるように見受けられる。そこで、そうした展開を担っていると思われる比較的若い世代の方々を提題者に招き、「現象学の新たな展開」をテーマにシンポジウムが企画されることになったのである。

提題者は、フェミニスト現象学にもコミットしつつ、現象学的倫理学の具体的展開を試みている池田喬氏、生殖や死といった人間の根本現象に具体的に関わりつつ哲学的考察を繰り広げている中真生氏、フッサール現象学の内部から新たな展開を試みている吉田聡氏の三名である。

扱われるテーマの関係から、まず吉田氏が、「現象学的考察の可能性——省みることがもたらすもの」という提題を行った。氏によれば、これまでフッサールに始まる現象学的考察の新たな可能性を示す試みとして、現象学を心の哲学や認知科学と関連づけようとする試みや、「意識の自然化」の試みが行われてきた。しかし、とりわけ後期フッサールの思索を射程に収めた場合、現象学と他の領域の成果を融合するこうした試みの手前で、現象学的考察の内部になお検討を要する諸問題が存在する。提題では、その中から、先反省的自己意識の問題、他の主観性と本質直観をめぐる問題、心身問題の三つが扱われた。

フッサール現象学が意識体験への反省を根本方法とすることは周知のことだが、そもそも反省が成り立つためには、その体験が先反省的に意識されていなければならない。しかし先反省的自己意識は反省を可能にする条件ではあっても、反省された体験を「私」のものとして把握させるようなものでは必ずしもないのではないか、というのが吉田氏の問いかけである。氏によれば、反省された体験が「私の体験」であることが成り立つためには、他者の体験の存立を理解し、間主観性の理解が既得のものとなっていなければならない。フッサールの遺されたテキストからは、先反省的自己意識やそれに基づく自己意識の成り立ちについて、さらに新たな思考を展開する可能性が見いだされるのである。

他の主観性の理解と本質直観については、吉田氏は次のように議論を展開した。動物も含め、他の主観性の理解は、その対象が何らかの理解の可能性を持つような振る舞いをしているものとして私の意識に現れることによって成り立つ。この把握の様式は、対象が人間の場合も動物の場合も変わらない。その対象の振る舞いから想定される特質を、自己が「標準的」と見做す主観性の特質と対比することで他の主観性の理解が深められるのである。このとき「標準的」と考えられている特質も他の主観性の持つ特質も「本質直観」という方法によって、間主観的な過程を経て獲得されるので、この作業は開かれた絶えざる捉え直しの過程となる。この修正と変更の可能性を持つ動的過程において、たとえば動物と人間の境界に関しても、新たな考察が展開される可能性が開かれるのである。

「心身問題」については、吉田氏はまず、『イデーンⅡ』において「精神（Geist）」と「自然（Natur）」の関係が、「心（Seele）」と「身体（Leib）」を介して考察されていることに注目する。「精神」はその態度決定によって「身体」を動かし「自然」に影響を与えるが、他方、「自然」からの刺激によって「心」に生じる感覚の影響を受ける点で「精神」は「自然」に依存するのである。しかし、これでは問題は十分に解決されていないと吉田氏は見る。「精神」と「自然」の異質さは、氏によれば、いわゆる『危機』書で提示された「世界に対する主観」であると同時に「世界の内部の客観」でもあるという「人間的主観性のパラドクス」と関係し、現象学的態度と自然的態度という「二つの見方の相違」から考察されなければならない。ここに「心身問題」を新たに考察する可能性が開かれるのである。

次に、池田喬氏が「現象学的倫理学と事実と価値の融合——マードックからハイデガーへ——」と題する提題を行った。永らく「現象学的倫理学」をテーマにした論集の編纂やワークショップなどの開催に取り組んできた氏はまず冒頭で、この間ずっと同じ疑念を向けられてきたことに気づいたと述懐する。その疑念とは、第一に、現象学とは「経験の単なる記述」ではないのか、そうだとすれば第二に、倫理学は単なる記述ではなく規範を示し、世界のあるべき姿や適切な行為について判断を下さなければならないのに、現象学的倫理学はそれができないのだから、真正の倫理学とは言えないのではないか、という疑念である。氏は、これらの批判に応えるべく、批判の前提となっている事実と価値（記述と規範）の二元論をまず問いなおし、むしろ両者の融合を倫理学の主題とするプロジェクトのうちに現象学的倫理学を位置づけようとする。

池田氏はかくしてまず、現象学外部の倫理学史のなかから、事実と価値は融合するというI・マードックの見解を参照する。マードックによれば、「ある」と「べき」とは明確に区別されるものではなく、むしろ「事実と価値は実に無害な仕方で融合する」。行為者がそのつど置かれる「状況」とは、客観的に記述可能な事実などではなく、それ自体「曖昧さ」を有していて、行為者の「道徳的概念」によって解釈されることで初めて決定されるようなものである。しかも、そうした道徳的概念には、「善い／悪い」や「べき／べきでない」だけでなく、親切さや勇敢さなどといったそれぞれの行為者の「人生についての全体的ヴィジョン」に関わる概念が広く含まれる。「状況」が曖昧さをもち、またサルトルが示すように世界には普遍的指標がない以上、各人は内面生活を背景とした行為の選択に際して、各人が主眼とする人生の可能性に企投することになる。しかしここで池田氏は、テイラーを参照しつつ、そうした選択の手前には、明確に分節化されておらず暫定的でありながら、何が決定的に重要なのかを示していて、行為の選択によって初めて明確に分節化されうるような「感覚」があると指摘する。そうした自己の感覚こそが、行為の選択に先立つ道徳的な「地平」を形成しているのである。

「ある」と「べき」とが無害に融合する道徳的経験について、人生の全体的ヴィジョンも含め、厚みのある記述を行なおうとする以上のようなマードックの企図は、池田氏によれば、ハイデガー『存在と時間』の「世界内存在」に関する思索と接続しうる。現存在は、世界内存在として、自分自身が問題であるような存在者であるが、現存在がそのために存在している「何か」には、人生のヴィジョンに関わるさまざまな可能性が含まれえ、そうした自己理解に応じて世界の有意義性も開示される。しかし、自己理解に依存するこうした「状況」の知覚は、ハイデガーによれば「世人」には閉ざされている。「この自分はどうありうるか」が問われるような「最も固有な自己」にとってのみ、「状況」は開示され、しかもそれは、「特定の行為を自ら行うことが迫られるような「状況」」として開示される。このとき、ハイデガーによれば、世界は「偶然」に満ちたものとして知覚されるが、そうした世界はマードックが「曖昧さ」と呼び、サルトルが「指標のなさ」と述べた性格を示すと池田氏は指摘する。とすれば、事実と価値の融合を目指すマードックの倫理学のプロジェクトに対して、ハイデガーの現象学は、行為の選択が迫られる曖昧で指標のない「状況」の経験を厚く豊かに記述する可能性を開くという点で、寄与しうる。こうして現象学的倫理学がこのプロジェクトのうちに位置づけられるのである。

最後に、中真生氏が「喪失の現象学？――失われたもうひとつのもの」と題して提題を行った。中氏は、「喪失」という視点から人間の生を見ることで、生を別様に捉え直す可能性を開くことを目指し、目に見える明白な喪失ではなく、「失われたもうひとつのもの」に着目する。それはたとえば、身近な人との死別、（ケガ・病気などによる）自己の身体の一部やその機能の喪失、失業などの目に見える喪失ではなく、自信や安心感の喪失、世界への関わり方の変様など、目に見えず、他者からは分かりにくい喪失である。心理学者ジャノフ・バルマンは、レイプや犯罪、大きな自然災害など、急激で劇的な、トラウマとなる出来事によって、私たちが生きていくうえで拠り所にしている世界や自己への信頼という「諸前提」が打ち砕かれ、自己と世界に対する見方が反転することに注目し、これを「世界と自分たちについての古い、深い、肯定的な見方の喪失」と捉えたが、中氏はこの「喪失」を、急激ではない（たとえば闘病の末の死別のような）喪失、さらに心の領域にとどまらない身体も含めた自己や世界との関わりにまで広げて考えていく。

たとえば伴侶の死は、食事の際に二人分用意する必要がなくなること、一緒に散歩に行ったり喜怒哀楽を分かち合ったりする相手がいなくなることをもたらす。それは、これまでその人の前提となっていた「世界への関わり方」の変容であり、トーマス・アティグによれば、それは「この世界での私たちの経験と行動の基本構造全体」の変容である。しかし、その人の「世界への関わり方」を成り立たせているのは伴侶などだけでなく、自らの身体も同様である。かくして中氏は、メルロ＝ポンティの『知覚の現象学』における幻影肢の議論を参照しつつ、大事な人や自らの手足が失われることによって、それを基盤として形成されていた世界への習慣的な関わり方＝「もうひとつのもの」が崩壊し、喪失するのだと述べ、習慣や過去への固執を引き起こすこのような「喪失」を、誰にも起こる「老い」の経験とも関連づけるのである。

中氏はさらに、ポーリン・ボスの「曖昧な喪失」という概念を手がかりに考察を深める。ボスはこの喪失を、心理的には存在しても身体的に不在（たとえば家族が行方不明）である場合と、身体的には存在しても心理的には不在（たとえば母親がアルツハイマー病）である場合に分類しているが、中氏はこれを、「夢の子どもの喪失」としての「障がいのある子どもの出生」や、「子どもをもつという理想」や「親である自分」というもうひとつのものの喪失としての流死産や不妊、さらに獲得や成長の裏面としての「失っているかもしれない」喪失にまで広げて考察を展開する。

こうした考察によって明らかになるのは、「もうひとつのもの」の「曖昧な喪失」に視点を定めて私たちの生を見つめることで、日常は見えにくい「世界への関わり方」やそれを支えている他者との関係や自己の身体の在り方が逆照射される可能性があるということ、また習慣や過去への執着から解き放たれ、「時間の流れ」を取りもどす可能性があるということである。生における種々の喪失を正しく評価することによって、生をこれまでとは別様に見、そして記述する可能性が開かれるのである。

以上、三つの提題のあとのディスカッションでは、まず提題者同士で意見交換を行ったうえで、フロアに開いての質疑が行われた。数々の質問がなされ、活発な議論が展開されたが、筆者にとってなかでも印象的だったのは、現象学の「学」としての可能性について表明された根本的な疑問であった。筆者の責任においてまとめれば、以下のようになる。吉田氏によれば、フッサール現象学の反省という方法を支える先反省的自己意識は、その成り立ちにおいて他者や間主観性の理解を前提とするが、そうだとすれば、自己と他者の同型性にもとづくはずの間主観性、客観性はどう理解されるのか。また池田氏の言うように、そのつど行為者が置かれた「状況」は曖昧であって、それを捉える道徳的概念が個々人によって異なるとすれば、状況の理解や記述も曖昧になるのではないか。さらに中氏の場合も、曖昧な喪失によって世界との関わり方が変容し、世界や自己に対する見方が変化するとすれば、それらについての記述も変化し、記述の一義性が担保されなくなるのではないか。しかし、記述の客観性が担保されないのであれば、現象学の「学」としての可能性が危うくなるのではないか——そのような疑念である。しかし、吉田氏においては、先反省的自己意識の成り立ちを深く探求することで、いっそう根源的な次元で自己と他者の関係や客観性に関する新たな理解の可能性が開かれるのであったし、また池田氏によれば、状況はつねに曖昧であっても、記述が曖昧になるわけではない。むしろ、記述すること自体が、パーフォーマティヴに世界を変容する可能性を開く。中氏においても、「喪失」という視点から生を別様に描き出し記述することによってこそ、その先の可能性が開かれるのである。

そうだとすれば、反省が容易に及ばない次元や、曖昧な状況、曖昧な喪失をその内側から記述しうること、そしてそのことによって自己と世界についての理解が更新され、世界への関わり方が変容しうること、そうした現象学の記述のもつ力にこそ、現象学という哲学の新たな展開が懸かっているのではないか。むろん、その場合、記述がもつべき学問性は、従来のような一義性や客観性とは異なる仕方で、考え直されなければならない。フッサールはすでに『イデーンI』において、一義的で精密な説明とは異なる厳密な記述の学問性について明らかにしていたのであった。明晰で判明な理解を許さない曖昧な状況や経験をしなやかに記述し、新たな見方や世界の変容の可能性を開く現象学の記述。それは実は、近年、注目を集めている「ケアの現象学」や「臨床実践の現象学」が実践しているものでもあるのだが、そうした記述の力をあらためて実感した、実り豊かなシンポジウムであった。

（文責：榊原哲也）

自由と主体の系譜学——古代哲学と近世哲学の間で

提題者：大西克智
近藤智彦
コーディネーター：鈴木　泉

二〇二二年一〇月二九日（土）、哲学会第六〇回研究発表大会において、ワークショップ「自由と主体の系譜学——古代哲学と近世哲学の間で」が開催された。本ワークショップは、大西克智氏（九州大学）が、『『エセー』読解入門　モンテーニュと西洋の精神史』（講談社学術文庫）を同年六月に刊行されたことを一つの契機として企画された。同書は、一つの書物としての筋を読み取ることが難しいと思われてきたモンテーニュの『エセー』を「ひとつの壮大な物語」として読み抜いた極めて野心的な書物である。そこで、このような書物の出現を言祝ぐとともに、この書に秘められた哲学的・哲学史的なポテンシャルを引き伸ばして共有財産とするために、古代ギリシア哲学、とりわけストア哲学を専門にし、また、現代英米系の行為論・意志論にも造詣の深い近藤智彦氏（北海道大学）を対話相手としてお招きし、お二人に共通の主題として「自由と主体」という問いを設定してワークショップを開催することとした。

まず、近藤氏は「〈知者の自由〉の形而上学——ストア派とプラトン主義における展開——」という題目のもと、「生きることの意味」の探究が少なくとも表現や学説としては古代を含めて現代に至るまで不在であったという大西氏の近著における指摘を受けとめつつ、「自己探求」にはつながりにくいような仕方で「自由と主体」をめぐる議論が展開されてきた軌跡をストア派とプラトン主義にたどられた。行為主体の「一と多」の問題、つまりは、魂を調和させて「一人の人」になるということに関する問いをプラトンから受け継いだストア派とプラトン主義が、この問いに関してどのように応答したかを解明された。コースガードやバーナード・ウィリアムズといった現代の論者・研究者の議論をも背景としながら、パナイティオス（ないしはキケロ）の議論の中に、「自分の生」を生きることとの重要性という、現代的な議論と微妙に交差する問題系を指摘された。

次いで、大西氏は「「経験」と「概念」のはざまで——「私」をめぐる思索のゆくえ——」という題目のもと、近著において示された研究成果・思索を背景にしつつ、「私」をめぐって西洋近世において展開された思索の動向を追跡された。具体的には、ソクラテスないしはプラトンとアウグスティヌスを例にとって、問題の前史を概括し、概念としての〈私〉が古代・中世においては不在であったという問題提起を行った後、先駆者としてのモンテーニュにおいて「自己」知の探求が浮上するに至った複雑な経緯を示し、さらに、近世的な主体概念の系譜学に関して、デカルトに焦点をあてながら重要なテーゼを示したヴァンサン・キャローの著作を念頭におきつつ、デカルトにおける（概念的な）「私」・主体の発生について独自な分析を加えられた。デカルトのいわゆる〈コギト〉の議論が示しているのは、純粋な概念としての「私」ではなく、「個別具体性を注入された「思い」」に支えられた、つまりは、経験という水準を捨象することの出来ない「私」に他ならない。しかしながら、デカルトには「私」の概念による一般化への傾向性が存在するのも事実である。以上の分析を受けて、モンテーニュからカントに至る近世哲学史における、「私」・経験・概念の布置に関する問題提起がなされた。

提題者お二人とコーディネーターとの間で若干の質疑が展開された後で、プラトンの『ゴルギアス』篇の評価やデカルト『省察』のテクスト解釈から始まって、フロアとの熱心な討議が繰り広げられた（ハイブリッド形式で実施され、参加者は総勢で六〇名強）。そこから浮かび上がって来たと思われるのは、そもそも「主体と自由」という問いそのものの広がりと問いを正確に彫り下げることの困難である。本シンポジウムの企画立案の当初から自覚されていたことだが、自己・「私」・自我という問題系、本シンポジウムの題目としては「主体」という言葉で代表させた問題系は、それぞれの言葉の有する来歴や文脈において異なる意味を有する。哲学史上の出発点は、汝自身を知れ（γνῶθι σεαυτόν）という表現とその転用に位置づけられようが、この「汝」ないしは「自己」という表現と「私」や自我という表現・概念はその位置づけが大きく異なる。さらに、自己知という問題と自我論や（例えば）超越論的主観性の位置づけといった問題とは、重なりつつも位相を異にする。

大西氏の提題は、哲学的な思索がそこに基盤を置くような経験の次元とカントの超越論的統覚に結実するような抽象的一般的な自我の次元とがどのように関係し、またその関係がどのように歴史的に形成されて来たかということについての哲学史的一断面を描くものであった。そして、近藤氏の提題は、行為主体の統一性という普遍的な倫理性と自分らしさという意味での自己の本来性といった（お望みならば）実存的と言っていいような次元との葛藤ないしは関係を古代哲学史を舞台に分析するものであった。コーディネーターの不手際もあって、主体と自由という二つの問題系を十分に接続することが出来なかったし、また、抽象性・一般性・普遍性と具体性・個別性・実存といった対の問題性と主体をめぐる複雑な概念配置の問題性、さらにはそれらの対と概念配置との関係如何といった事柄が浮上したところで本ワークショップは終えざるを得なかった。しかし、問いの大きさと複雑さとを浮上させることこそが、ワークショップの本来の目的であるとするならば、その限りで稔り豊かな時間が出現したように私は思う。

（文責：鈴木泉）

道徳懐疑論と徳倫理学

提題者：立花幸司
野上志学
コーディネーター：藤川直也

ワークショップでは、道徳懐疑論と徳倫理学について、千葉大学の立花幸司先生、三重大学の野上志学先生に研究成果をご発表いただいた。野上氏の提題「徳倫理学に特有の認識論的問題」では、徳なるものがあるとして、どのような特性が徳なのかを私たちは知ることはできない（あるいは少なくとも知ってはない）という、徳に関する認識的懐疑論が議論された。徳倫理学者がしばしば強調する、徳の獲得はしつけや教育を通じてなされるという点に着目し、徳に関する道徳的知識の獲得において直観と他者からの証言がどのような役割を果たすことになるのかについて整理がなされ、道徳的直観と道徳的証言の間に緊張の存在が指摘された。立花氏の提題「徳としての倫理に対する懐疑と教育という視座」では、徳の阻却可能性ないし改定可能性という観点から徳と道徳懐疑論の関係について議論された。何が徳であるのかは時代や社会に相対的に変化しうる。ある時点・場所で徳である特性／徳ではない特性が別の時点・場所では徳ではない／徳である、ということがあり、徳の教育の目標はこうした阻却可能／改定可能な徳の獲得にある、という点に焦点を合わせ、そうした徳教育において目指されているのは、確実で不可謬な道徳的知識の獲得ではなく、むしろ実践的合理性に基づいたプラグマティックなものとしての徳の獲得であるということが論じられた。

提題の後、活発な議論が交わされた。一つの焦点となったのは、徳の社会的な変化と実践的合理性という論点である。徳目は社会相対的に変化しうるかもしれない。しかしながらそうした変化は必ずしも合理性を単一の基準にして——つまり、何がその社会において実践的合理性をもつのかの変化に応じて——生じているわけではなく、複合的な要因が関わっているのではないか。だとすれば教育において獲得が目指されるとされる徳目は本当に実践的合理性をもつのだろうか。あるいは、徳の社会的な変化の例として取り上げられた事例は、単にその社会で有用性の認められたある種の行動タイプとみなすことも可能であり、だとすればそうした事例が本当に徳目のプラグマティックな変化を示しているのだろうか。こうした疑問が示唆する一つのことは、結局のところ何が徳なのか、何が徳を徳たらしめるのか、私たちはそれをどのように獲得するのか、という根本的な論点についての私たちの判断の揺れであり、ワークショップを通じて予期せぬ仕方で徳の認識論的な問題が浮かび上がったように思う。

（文責：藤川直也）

公募論文

真理の担い手としての述定

加地大介

はじめに

一九五〇年代から八〇年代あたりの分析哲学において、「真理の担い手」というテーマは、オースティン、ストローソン、クワインなどもその論争に加わっていた、いわば「花形」的主題のひとつであったと言える。しかし、いつしかこの主題は表舞台から退いていった。その主要因としては、論理にまつわる基礎的諸問題について考察する哲学の一分野としての「哲学的論理学」研究が往事の勢いを失ったこと、真理論が「嘘つきのパラドクス」を中心とするもっぱら意味論的・言語哲学的関心のもとで展開されていたこと、などが挙げられよう。

これに対し、近年、いわゆる「分析形而上学」の興隆に伴って、真理論においても「形而上学的真理論」とでもいうべき、真理についての形而上学的研究の復興の動きがあるように思われる。そしてそのような動きの代表的な形として、「真にするもの」としての「真理付与者（truthmaker）」にまつわる議論が一定の隆盛を見せている。しかしこの議論においても、関心の焦点はどちらかと言えば「真にするもの」の側にあって、「真になるもの」としての真理の担い手（「真理受容者（truthbearer）」）についての議論が盛り上がっているようには見えない。多くの場合、「真理の担い手はとりあえず〈命題〉ということにしておいて、命題がそもそもどのような存在者であるかについては関与しない」とか、「真理の担い手は、文、言明、命題などいずれでも構わない」などという説明でお茶を濁されているように思われる。

しかし、通常認められているように、「真にする」という関係が単なる偶然的なものではなく、何らかの必然性を伴う関係である以上、その関係項のひとつとしての真理の担い手の「本性」というものを重視せざるをえないと思われる。本稿の目的は、このような問題意識のもとで、改めて真理の担い手についての形而上学的考察を行うことである。そのための方法として、主に言語哲学の文脈で二〇一〇年頃からS・ソームズやP・ハンクスらが提示している「述定としての命題」という発想を主な手がかりとする。より具体的には、「真理の一次的（primary）担い手は述定である」という主張の（私が採用する）意味を明確化したうえで、そのような主張が真理付与理論に対してもたらす意義を見極める。

一　ソームズの述定論

ソームズは、その近著『言語・心・意味について考え直す』（二〇一五）において、可能世界状態（possible world-states）から真理値への「関数」や可能世界状態の「集合」（あるいは、それらの改良バージョンとしての真理成立「状況」（truth-supporting circumstances）として規定される、現時点で最も支配的な意味での「命題」は、命題に典型的に要求される四つの役割のいずれも果たせないと主張した。[1]その四つの役割とは、（ⅰ）真偽の一次的担い手、（ⅱ）信念・主張などの〔命題的〕態度の対象、（ⅲ）知覚的・認知的状態の内容、（ⅳ）（いくつかの）文の意味、である。

そのうえで、その主張に対する三つの理由を挙げているが、ここでは、本稿の主題である真理の担い手にとりわけ関わる論点のみを紹介すると、次のとおりである[2]：

関数も集合も、真理条件の一次的担い手であると同時に文の意味であるということがあり得ない。というのも、意味とは、それ自体が解釈を要求する対象というよりは、文の解釈そのものである。しかし、私たちによる解釈なしには、世界状態の集合〔あるいは、世界状態から真理値への関数〕はまったく真理条件を持ち得ない。そのような集合は、それ自体においては、何かが何らかのあり方をしているものとして表象しておらず、それゆえ、当該の命題が真であるために満たさなければならないいかなる条件も課さないからである。…中略…命題とは、私たちが解釈する何かではなくて、私たちが文に対して与える解釈そのものなので、命題は世界状態の集合ではない。…中略…そして結局のところ、「命題とは本当は何であるか（what propositions really are）」についての解明がない限り、可能世界意味論の中で、命題が真正な真理条件決定者（genuine truth-condition determiners）として機能しうるのかが不明のまま残されることになる（傍点による強調は、現筆者による。以下、断りが無い限り同様）。

すると、ひとつの選択肢は、フレーゲやラッセルが提示していたような「構造的対象としての命題」という伝統的命題論に立ち戻ることである。しかし、ソームズによれば、彼らの命題論はいずれも、いわゆる「命題の統一性の問題（problem of the unity of the proposition）」を克服できていない。また、その延長線上にある、現時点での標準的な「構造的命題（structured propositions）」論者が用いているn-順序項やその他の〈対象や性質の純粋に形式的な構造〉も、「本当の事物（real things）」のモデルにすぎず、私たちによる解釈なしには世界を表象することはできないので、世界状態の集合の場合と同様、意味や真理条件の一次的担い手とはなり得ない。

以上のような認識を踏まえてソームズが提案するのは、フレーゲやラッセルの洞察を保持しつつ説明的先行性を逆転させることであった。すなわち彼は、主体の志向性を、独立的に表象的な命題から引き出すのではなく、命題の志向性を、思考と知覚において世界を表象する能力という、概念的に先行する主体の能力によって説明することを目論んだのである。[3]

そのために、彼は命題を次のように捉え直す[4]：

本当の命題は、私たちや他の認知主体が**解釈する**ものではない：命題は、情報を運ぶために私たちやそれらが**用いる道具**では**ない**。命題は、私たちやそれらが志向性を**付与する**（*endow*）対象では**ない**。そうではなく、**命題は、私たちや他の主体たちによるその現実の使用から独立に真や偽たりうる、本来的に**（*inherently*）**表象的な対象**（*entities*）**である**（ゴチック体による強調は、引用元著者による。以下、断りが無い限り同様）。

そして、このような捉え直しの結果として彼が到達した命題の定義は、次のようなものであった[5]：

命題とは、反復可能で純粋に表象的である、認知的な行為あるいは操作であり、その遂行は具体的な認知的出来事を帰結する；命題を〔心に〕**抱く**（*entertain*）**とは、それを遂行することである。**

ここでの「認知的な行為あるいは操作」としてソームズが想定しているのが、「述定」に他ならない。彼は、そのような述定行為の典型として、次のような例を挙げている[6]：

たとえば、私がある本Bを赤いものとして知覚したり思考したりすることを想定しよう。その場合、私は何かを**行う**、すなわち、Bに対して**赤さ**を述定するという行為を遂行するのであり、その行為は、**Bを赤いとして表象する**ことなのである。

命題に関してソームズが示した以上のような新たな方向性の意義としては、次のようなことが挙げられる：

第一に、可能世界状態から真理値への「関数」や可能世界状態の「集合」等に還元されたいわば「代用命題」で事足れりとする、外延主義的・還元主義的態度から脱却し、「本当の」命題とは何か、その内在的本性は何か、といういわば命題の「本質」を重視する存在論的・形而上学的態度を示している。

第二に、そのうえで、いわゆる「意味の第三世界」に存在する抽象的な「思想」として命題およびその意味内容を捉える、命題に関するフレーゲ的プラトニズムを棄却し、命題およびそれによって示される意味内容を、述定という私たちの認知的行為・操作に由来する何ものかとして捉える、意味論へのより自然主義的アプローチを採っている。[7]

しかしながら一方で、特にこの第二の点に関しては、ソームズにはいくつかの点においていくつかの不十分さ・中途半端さが残存していたことは否めない。その点は、上記の「私たちや他の主体たちによるその現実の使用から独立に真や偽たりうる、本来的に表象的な対象」という表現にも表れている。彼は、前著『意味とは何か』(二〇一〇)において、命題の意味内容が述定という私たちの認知的行為に由来するということは積極的に主張しながらも、そこで彼が真理の一次的担い手として選択したのは、そのような述定行為そのもの(タイプとしてもトークンとしても)とは峻別されるべき「出来事タイプ」としての命題であった。彼は次のように説明している[8]:

「雪は白い」と発話するという行為タイプについて考えよう。この文を発話するという行為タイプを発話された〔タイプとしての〕文と同一視できないのは、雪に白さを述定するという行為タイプを雪は白いという命題と同一視できないのと同様である。しかしながら、これらの行為タイプと緊密に関係しており、おそらく、文や命題とおそらく同一視されうる対象(entity)が存在する。

彼によれば、そのような対象とは、行為タイプとは峻別されるべき何ものかとしての「出来事タイプ」である。それについて彼は次のように説明している(9):

行為タイプの事例は、走ること、ドアを開けること、ジョンに話しかけること、誰かに秀逸さを述定することである。それらは私たちが行うことである。その各々は、多くの異なる主体によって同様に行われうることなので、いずれもある種の抽象的対象である。このような意味での行為は、その中で主体がそれらを行うところの個別的な出来事や、その中でいずれかの主体がその行為を行うところの出来事の抽象的タイプのいずれからも峻別されなければならない。たとえば、その中で主体がドアを開ける出来事のタイプは、私たちが行う何かではなく、したがって、それ自体は行為(行為タイプ)ではない。以下において私は、命題を〈その中で主体が何かについて何かを述定するところの出来事タイプ〉と同一視することを支持する議論を提示する。

そして、そのような出来事タイプとしての命題こそが、彼が主張するところの「真理条件の真正なる担い手」なのである(10)。

ソームズの二〇一五年の著作においては、行為タイプと出来事タイプを峻別したうえで後者を真理条件の真正なる担い手とするという主張そのものは撤回されているようであるが、このような発想は、同著書においてもソームズをしてフレーゲによる「内容」と「力」の区別を保持せしめることとなり、彼は、通常の行為としての言明あるいは主張とは区別されるべきいわば特殊な行為として述定を位置づけた。その詳細については、次節で改めて検討する。

二　ハンクスの述定論

以上のようなソームズの不徹底を排して、通常の行為トークンとしての述定を真理の一次的担い手として認定し、内容と力の区別も廃棄したのが、ハンクスであった。ハンクスは次のように述べる[11]：

：私は命題が真理条件の一次的担い手であるという考えを拒絶する。この考えは、捨てなければならないと私が考える、内容と思想というフレーゲ的描像の遺物である。このフレーゲ的描像では、諸命題はただそこにあり、その真理条件は無傷なまま、判断され、主張されるのを待っている。主体は、そうした命題の一つに掴みかかり―フレーゲはそのことを「思想の把握」と呼ぶ―その後に、思想（判断）において支持し、言説（主張）において真なるものとして提示する。それから、判断と主張の真理条件が、主体によって把握される命題からやってくることとなる。私は、この説明順序を逆転する必要があると信じる。命題は、その真理条件を判断と主張という個別的行為から得るのであり、それらの行為自体こそが真偽の始源的あるいは一次的担い手なのである。真理条件の源は、私たちが判断や主張を行う時に遂行する表象行為の中に見出されるべきであって、それらの行為を分類し個別化するために用いる命題内容の中にではない。より精確には、その源は、述定の行為に見出されるべきであり、その行為を通して、最も単純な場合には、人々は対象に性質や関係を帰属させるのである。命題が真理条件を持つ理由の説明は、これらの述定行為に訴えなければならない。

ソームズと対比させつつハンクスの主張の要点をまとめるならば、次の二点となる：（1）真理の一次的担い手は、抽象的対象としての命題ではなく、具体的かつ個別的な述定行為、すなわち、行為トークンとしての述定である。（2）命題とは、行為タイプとしての述定から峻別されるべき何ものかではなく、あくまでも行為トークンの分類や個別化のために用いられる行為タイプ以外の何ものでもない。そして、この（2）から帰結するのが、「内容と力の区別（content-force distinction）」というフレーゲの命題論・判断論における中核的主張を拒絶することである。

ハンクスによれば、「内容と力の区別」には、二種類のバージョンがある。一つは、主張、質問、命令などの異なる力を持つ言語行為が共有する命題内容があると考える「分類バージョン（taxonomic version）」であり、もう一つは、命題内容そのものにはいかなる主張的要素はないため、主張文はその内容と主張的力によって構成されると考える「構成的バージョン（constructive version）」である。[12]

フレーゲはどちらのバージョンの主張も行っているのに対し、ハンクスはいずれも否定する。彼によれば、主張的、質問的、命令的というそれぞれの言語行為は異なる種類の命題を内容として持ち、それらの命題は力の概念によって個別化される。すなわち、命題そのものが、主張的、質問的、命令的という三種類に分類されるのである。

しかしこのようなハンクスの主張は、〈いかなる意味内容も変えないまま、主張を伴わない記述文を発話する場合が私たちにはある〉ということを、フレーゲとは異なった形で説明する義務を背負い込む。その場合とは、条件文や選言文の中で記述文を用いたり、俳優が演劇中の台詞として文を発話したり、詩人が作詩中に文を書き留めたりする場合である。フレーゲと彼に続く言語哲学者たちは、これらの現象を説明するために、主張を記述文の命題内容から完全に分離したのであった。[13]

そこでハンクスが採った戦略は、主張の「解除（cancellation）」という道具立てを利用することであった。彼の考えでは、それらの場合にも記述文によって主張がなされていることに変わりはないのだが、通常の場合とは異なり、その主張を解除するような文脈の中で発話がなされているのである。そのような解除文脈を形成するのが、「もしも」という接続語であったり、舞台であったり、詩であったりするわけである。

この中で最も説明しやすく、またフレーゲ自身も用いている、舞台の例によってハンクスは解説している。フレーゲは次のように主張した[14]：

舞台での雷が見せかけの雷にすぎず、舞台での決闘が見せかけの決闘にすぎないように、舞台での主張は見せかけの主張にすぎない。それは単なる芝居であり、フィクションである。俳優が彼の役割を演ずるとき、彼は何も主張していない。また彼は嘘をついているわけでもない。たとえ、それが偽であると確信している何かを彼が述べているとしても。…中略…それゆえ、主張的文形式によって提示されるものについてさえ、それが本当に主張を含んでいるのか否かという問いはなお発生する。そしてその問いに対しては、ここで必要な真剣さが欠けている限り、否定的に回答されねばならない。

フレーゲの考えでは、上記の場合、俳優は「思想」を表現しているが、「必要な真剣さ」が欠けているため、その思想を真なるものとして提示していない。つまり彼は、主張的力とともに発話しているのではなく、ただそのように見えるだけなのである。しかし、ではそこで欠けているとされる「必要な真剣さ」を俳優が何らかの理由でたまたま有していたとしよう。しかしその場合も、それによってその「見せかけの主張」は真正な主張へと変わることはないだろう。俳優の意図や信念如何にかかわらず、それが舞台上で発話されている限り、その発話を主張へと変える術はない。つまり、舞台上での記述文の発話から主張的力を奪うのは、発話者の意図や信念ではなく、それが舞台上でなされたという文脈なのである[15]。

そして、ハンクスによれば、ソームズも、一面ではハンクスと同趣旨の主張を命題内容や述定に関して行っているが、結局のところ、力と内容の区別に典型的に現れているようなフレーゲ的描像から脱し切れていない。というのも、ソームズが考えるところの「述定」は、対象に対して中立的かつ非関与的（neutral and non-commital）に性質を述定するという、行為らしからぬ「行為」だからである。二〇一〇年の著作においては、ソームズは次のように説明していた[16]：

oは赤いという命題を心に抱く（entertain）ことは、赤さをoにただ述定することであり、この述定はその内容を持つすべての態度に含まれているので、命題を心に抱くことは、私たちがそれに対して担うすべての命題的態度の一構成要素である。oは赤いと**判断する**ことは、oに赤さを述定すると同時に、その述定を支持する（endorse）ことなのである。

この説明に従う限り、ハンクスが言うところの「分類バージョン」「構成バージョン」いずれにおいても、ソームズが「内容と力の区別」を保持していることは明らかである。そこで、ハンクスは、結局ソームズがフレーゲから離反したのは、抽象的命題によって述定行為を説明するという真理条件の説明順序を逆転させるということだけだったと批判した[17]。

このようなハンクスの批判に対してソームズは、二〇一五年の著作において、「分類バージョン」「構成バージョン」の各々に即していると解釈できる二つの形で反論している。まず、「構成バージョン」に関する彼の反論は次のとおりである[18]：

関与が実際に入ってくるのは、oがしかじかであると私が**判断する**ときである。判断するということは、肯定的な仕方でoの性質を述定することであり、それは、しかじかである事物に対する人の態度によって条件付けられた形で、oに対して—認知的も行動的にも—〈行為する傾向性を形成する、あるいは、すでに形成された傾向性を発現させる〉ことを含んでいる。これは、oがしかじかであると心に抱くこととそう判断することとを分析的に区別することを要求するけれども、それらが順次遂行されると考える必要はない。それは、ポットをかきまぜる行為と注意深くポットをかき混ぜる行為が順次なされる必要がないのと同様である。

しかしソームズのこの反論は、なかなか理解しがたい。まず第一に、引用の後半部分で「oがしかじかであると心に抱くこととそう判断することとを分析的に区別することを要求するけれども、それらが順次遂行されると考える必要はない。」と述べているが、ハンクス自身も決してそのような時間的順次性を「構成バージョン」の要件としてはいない。ハンクスが標的としているのはあくまでも「主張はその内容と力によって構成される」という「分析的」な意味での主張の二元性であり、その意味での〈内容-判断〉の二元性をソームズは二〇一五年においても保持しているように思われる。[19] まさに「構成」と「分析」は、部分と全体のどちらを出発点として記述するかの相違でしかないのである。

第二に、「oがしかじかであると心に抱くこととそう判断すること」の「分析的区別」として彼が想定している内容は、「判断するということは、肯定的な仕方でoの性質を述定することであり、それは、しかじかである事物に対する人の態度によって条件付けられた形で、oに対して─認知的も行動的にも─〈行為する傾向性を形成する、あるいは、すでに形成された傾向性を発現させる〉ことを含んでいる。」という形で説明されている。

しかし、少なくとも「すでに形成された傾向性を発現させる」ことは、明らかに傾向性の形成と発現という二段階を含んでいる。また、彼の主張を〈「肯定的な仕方で」とか「人の態度によって条件付けられた形で」という形容があるか否かによって、「述定する」ことや「行為する傾向性を形成する」ことに関する単なる「分析的」区別がなされているにすぎない〉という意味で解釈したとしても、そのような形容がない場合の「述定」や「傾向性の形成」とはどのような内容のものなのだろうか。「述定」に関しては、結局のところ、非関与的・中立的述定であることになってしまうと思われるし、「行為する傾向性の形成」に関しては、その際の「行為する傾向性」の中身が完全に失われてしまうように思われる。いずれにしても、その区別が「ポットをかきまぜる行為」と「注意深くポットをかき混ぜる行為」の区別に相当するようなものでないことは明らかであろう。この場合は、前者においても後者においても「ポットをかき混ぜる」という同一の行為がなされていることに疑いはないからである。「注意深く」という形容がないことによってその行為が中立的・非関与的になったり、それが無内容になったりすることはあり得ないだろう。

次に、「分類バージョン」に対応するソームズの反論を見てみよう。ソームズは次のように述べている[20]：

さて、oに対してしかじかであると**無力に述定する**（*forcelessly predicating*）という行為、すなわち、oはしかじかであるという命題を単に心に抱くという非関与的行為について考察しよう。いかなる行為Aについても、Aを遂行するという行為はA自体と同一であるので、命題pを遂行する行為は、pと同一である。pを心に抱くという行為は、pを遂行するという行為なので、p自体は非関与的な行為である。これが、私が求めていることである。もしも命題が行為でなければならないならば、真理条件（truth conditios）は持つが適切性条件（correctness condition）は持たない行為であるという意味で、命題は非関与的でなければならない。

つまりソームズは、彼が真理の担い手と考えるところの「命題」を「無力に述定する」という「非関与的な」行為だとしたうえで、その際の「非関与的」という語を「真理条件は持つが適切性条件は持たない」という意味で用いているということである。そもそも何らかの意味での行為でありながら「非関与的」であると主張すること自体にかなり無理があると思われるが、そのような主張が有意味であるためには、「命題は、真理条件は持つが適切性条件は持たない」という主張が有意味かつ妥当でなければならない。

しかし、ハンクスは、次のように、真っ向からそのような主張に反対している[21]：

私は、述定するという行為は真理条件という形での適切性条件を持つという事実に依拠している。aに対してFを述定するという行為が適切である、すなわち、真であるのは、aがFである場合である。

これに対してソームズは、判断、信念、仮定、予想などの関与的な行為、傾向性、状態などにおいては適切性条件と真理条件は同一であることを認める一方で、願望などが「実現する（come true）」と表現されることを根拠として、期待、願望、祈願などの非関与的な行為、傾向性、状態においては適切性条件がないにも関わらず一種の真理評価がなされうると主張する。そして次のように、まさしく「分類バージョン」による力と内容の区別の主張を提示してまとめている(22)：

oがしかじかであるという命題を心に抱くことが、無力であるにもかかわらず真でありうる理由は、oはしかじかであるという命題と同一であるがゆえに、それは関与的、非関与的な態度のすべてのあり方を統一する共通要素であるということである。

…中略…

心に抱くというこの行為—すなわち心に抱かれる命題—は、事物をある形で表象するものとして、真理条件を持つ。それは、すべての態度の核となる構成要素として、非関与的でなければならないがゆえに適切性条件を持たない。

しかし、まず第一に、判断、信念、仮定、予想などの関与的行為、傾向性、状態などにおいては適切性条件と真理条件が同一であることを認める以上、なぜ、両者が同一であるにも関わらず、それらの行為とそれらに対する適切条件に加えて、あえて「心に抱く」という別の行為としての「命題」およびそれが満たすべき何らかの条件としての真理条件というものを想定すべきなのか、そして、なぜそれらが一致するのか、ということを説明する義務が発生する。その説明だと考えられるのが、いまの引用部のまとめで述べられているような〈すべての命題的態度の対象となるような「共通要素」としての「命題」の真理条件が先にあり、それによって判断、信念、仮定、予想などの適切条件が定められる〉という図式である。しかしハンクスに言わせれば、その図式こそが誤っているのである。実際、彼は次のように述べている[23]：

もしも判断がその真理条件を命題から引き出すのでないならば、心に抱くという概念や判断が二部分から成るという考え方にこだわることを強いる理由はもはやない。すべての判断の内部に含まれている中立的な核が存在するという発想は、その発想が組み込まれている、フレーゲ的な内容図式にその妥当性を負っているのである。

そしてソームズもフレーゲ的な意味での「命題」というものの存在を否定する以上、そのような命題から判断がその真理条件を「引き出す」という構図は否定せざるを得ないだろう。そのようなフレーゲ的支えを放棄した以上、もはや彼による上記のまとめの説明は、論点先取にしかならない。

第二に、「期待、願望、祈願などの行為、傾向性、状態」は、ソームズが考えるように「非関与的」だと言えるだろうか。世界のあり方に対して自らの何らかの意向を託する行為、傾向性、状態であるという点では、期待、願望、祈願なども「関与的」と言える行為なのではないだろうか。

実際、ハンクスは、対象と性質・関係を結合させる行為のタイプとして、「述定」の他にも「質問」と「命令」をも想定しており、それらの相違は、各行為の充足条件（Satisfaction Condition）の適合方向がそれぞれ「言葉から世界へ」「言葉から言葉へ」「世界から言葉へ」という形で異なっている点に由来する。その結果、充足条件も、それぞれ「真理条件」「回答（Answerhood）条件」「遂行（fulfilment）条件」という異なる形のものとなる。

そして「期待、願望、祈願」などは、これらのうちの「命令」に最も近いタイプの行為と考えられるのではないだろうか。すなわち、命令という自らの意向が誰かの行為によって「遂行される」のと並行的に、期待、願望、祈願などの意向は世界のあり方によって「実現される」という意味において、世界から言葉への充足条件を持っているのである。

たしかに「期待、願望、祈願」などは「判断、信念、仮定、予想」などのように「適切性条件」は持たないかもしれないが、だからといってそれらが非関与的な行為となるわけではなく、命令に対する「遂行条件」に似た形での異なる適合方向を持つ充足条件によって世界のあり方に関与すると考えるべきだと思われる。またその結果として、「期待、願望、祈願」などは、真理条件は持たないことになる。真理条件は世界に対して逆方向の適合条件を持つような充足条件だからである。「実現する（come true）」という日常的表現の中で「真である（true）」という語が用いられているのは、まったくの偶然とは言えないかもしれないが、何らかの形で世界と意向が適合するという点での類似性から発生した一種の慣用という程度のものであろう。

以上のようなソームズの第二の問題点をまとめれば、ソームズの主張に反して、次の二つの理由によって「期待、願望、祈願」などは「真理条件は持つが適切性条件は持たない」という非関与的な行為の事例とはならない。まず第一に、それらは「適切性条件」とは適合方向が異なる「実現条件」とでも言うべき充足条件を持つがゆえに、「述定」とは異なる「命令」という形に近い「関与的」行為の一種とみなすべきである。そして第二に、真理条件が言葉から世界への適合方向を持ち、実現条件が世界から言葉への適合方向を持つ以上、「期待、願望、祈願」の充足条件が真理条件であることはあり得ない。

最後に、構成・分類両バージョンに共通するソームズの問題点を総括するならば、結局のところ、命題を命題的態度の対象であると同時に行為であると考えることに無理があったということであろう。「表象」と称されるような何らかの対象だからこそ問題なく非関与的と言えるのであって、行為と見なした時点で多かれ少なかれ関与的とならざるをえないのである。

三　述定と真理付与理論

前節での議論を踏まえて、私は基本的にハンクスが提唱するところの述定概念を採用したうえで、ハンクス同様、トークンとしての述定行為こそが真理の一次的担い手であると主張する。このような主張は、必ずしも目新しいものではなく、振り返ってみれば、「言明（statement）」という行為を真理の一次的担い手とするオースティンの主張に類似性を見いだせる。(24) とはいえ、彼のその主張に従った論者はこれまでほぼ皆無であったと言って良い。真理に関して彼と論争したストローソンは、真理そのものについては「遂行説」という行為論的立場を提唱したにもかかわらず、その担い手は言明という行為そのものではなくその対象としての命題であるという主張に固執した。(25) 言語行為論者であるという点では盟友だと言えるはずのサールに至っては、「真であったり偽であったりするのは陳述するという行為であるという見解は、オースティンの真理論のもっとも深刻な弱点のひとつである」とまで酷評した。(26) おそらく、内容と力の区別に基づくフレーゲ的命題の「呪縛」はそれほどまでに強いものだったのであり、フレーゲに反旗を翻したソームズにおいてさえ、そこから完全には脱しきれなかったのである。

一方、言うまでもなく、「言明」に代わって「述定」を真理の一次的担い手とするハンクスの主張には、オースティンには見られないような特徴もある。その一つは、ある種の自然主義的動機がそこには見られるということである。たとえば、タイプではなくトークンとしての行為を一次的な真理の担い手とするという主張は、オースティンには少なくとも明示的には見られない。彼の「言明」概念は、フレーゲ的な「命題」概念と同レベルの抽象度において想定されているように思われる。またハンクスは、述定という行為を、一定程度に高等な動物が共有する能力に基づく「事物をグループへと分類する行為」として基本的に捉えており、クワインを引用しながら次のように述べている[27]：

もちろん、異なる動物によって用いられるカテゴリーの数、種類、性格には大きな相違がある。それでも、分類する**能力**は、人間が他の動物界と共有する基礎的な生物学的機能である。それなくしては、私たちは考えたり話したりできないだろう。クワインが述べているように、「たしかに、私たちの類似性の感覚、すなわち事物を種類へと分類すること以上に思考と言語にとって基礎的なものは存在しない」(1969a, 116)。

もちろん、トークンとしての述定行為を真理の一次的担い手とする立場に対してはいくつかの批判があり、また、ハンクス自身の立場にも改めて検討すべき論点がいくつかある。しかしここでは、その主張を基本的には肯定的に捉えたうえで真理付与理論に応用するということを試みたい。私自身は、「述定」という文の内部構造に踏み込みつつトークンとしての述定行為を真理の一次的担い手とすることによって、真理付与理論におけるいくつかの問題の解決に向けた一定の貢献が見込めると考える。彼の述定論の問題点については、真理付与理論と関連づけながら論ずることとする。

まず概して言えば、真理付与理論とハンクスの述定論はいくつかの点で相性が良いと言える。真理付与理論は、古来からの真理の対応説の現代的改良バージョンとして解釈しうる側面を持っている（ちなみに、先ほどハンクスとの類似性を指摘したオースティンも真理の対応説を採用していたことは、おそらく偶然ではない）。「対応」という関係は、真理の担い手と世界の関係としては強すぎる面と弱すぎる面を持っていた。強すぎる面は、ウィトゲンシュタインの画像説における同型性のように、言語的対象と世界の対象との間に何らかの一対一「対応」を要求してしまうように思われることである。一方、弱すぎる面は、対応関係は対称的な関係なので、〈世界で何か成立しているのか〉が〈何が真であるのか〉を決定するのであってその逆ではない、という非対称性を表せないということとである。

これに対し、真理付与理論においては、通常、真理受容者と真理付与者の間に求められる関係は、一対一よりも弱い多対多の関係である。一方、真理付与という関係は、真にするものとされるものという、能動受動の非対称性を含んでいるので、自ずから対称性を排除する強さを持っている。

また、真理付与理論において真理付与者が求められるのは、少なくともその基本的レベルにおいては偶然的真理に対してのみである。この点は、ハンクスが考察の範囲を一般的な知覚場面で典型的に見られるような基礎的な述定に限定していることとも結果的に協同している。本稿でもこれらの限定を踏襲することとする。

真理付与に関して本稿で特に採り上げたい問題は、真理付与関係に伴う必然性にまつわる問題である。まずは、真理付与理論の主唱者の一人であるG・ロドリゲス-ペレイラによる定式化に即して、本稿で考察される真理付与関係とは基本的にどのような関係であるのかを確認しておこう。ロドリゲス-ペレイラは、「必然的に、非本質的な諸述定を含む、総合的な真なる命題のある重要なクラスの要素は、真理付与者を持たなければならない」という主張を「真理付与者原理」として提示し、次のように定式化した[28]：

（TM）必然的に、もしも<p>が真であるならば、それによってその<p>が真となるような何らかの存在者（entity）が存在する。（Necessarily, if <p> is true, then there is some entity in virtue of which it is true.）

真理付与関係は、（TM）中の「…によって（in virtue of…）」によって表される関係であり、形而上学的説明としての根拠づけ（grounding）の関係の一種として想定されている。そしてそのような根拠づけは、「AがBを形而上学的に説明する」という説明における説明項と被説明項の間の非対称的関係であると同時に、それが「根拠づける」という形而上学的な説明であることにより、何らかの形而上学的必然性を伴う関係であることが含意される。

問題は、その際の「形而上学的必然性」とはどのような形でもたらされる必然性なのかということである。真理付与関係が単なる形而上学的必然性では済まされないのは、数のような何らかの必然的存在者aが存在すれば、「aが存在するときに限り〈p〉は真である」はすべての真なる〈p〉に関してトリヴィアルに真であるので、少なくともそのような意味では任意の必然的存在者が〈p〉の真理付与者となりえてしまうからである。そのような真理付与者は、決して〈p〉の真理に対する形而上学的説明にも根拠づけにもならないであろう。

そこでJ・ロウが提案したのが、「本質的依存性（essential dependence）」という関係として真理付与関係を捉えることである。彼は、暫定的に命題を真理の担い手としたうえで、命題の真理付与者とは、「もしもその対象が存在するならば真であるということが、その命題の本質の一部である」と言えるような対象であると主張した[29]。その際、ロウが「命題の本質」として意味しているのは、「それによって（in virtue of which）当該の命題がその命題であるところのもの」すなわち、その命題をその命題たらしめるものである。彼は次のように説明している[30]：

> かくして、諸命題のような対象が存在し、それらはひとつの存在論的カテゴリー――何らかの基礎的カテゴリーのサブカテゴリーでしかないかもしれないが――を形成すると仮定すると、それが命題であるということ、および、それが他ならぬその命題であるということは、任意の当該命題の本質となるであろう。…中略…かくして、ある個別的実体aがある普遍者F性を例示するという命題は、その同一性をaとF性の両方に依存することになる：というのも、その命題は、**本質的に**それらの対象についてのものであり、それゆえ、**それら**についてのものであるということがなければ、まさに当該のその命題ではないだろうからである。ここから、aはFであるという命題が存在するのは、aとF性がともに存在するときに限るということが帰結する。少なくとも、もしも、私自身が固く信ずるように、いかなる対象も、存在しない他の諸対象にその同一性を依存しながら存在することはできないのならば、そのことは帰結する。

また、D・アームストロングも、真理付与関係は「その〔関係〕項の存在が関係の存在を含意する」という意味での「内的関係（internal relation）」だと主張した。[31] ただ、M・ディヴィッドが指摘するように、アームストロングの意味での内的関係、すなわち、項の「存在」だけで関係の存在を含意してしまうような関係は、「その〔関係〕項の〔何らかの〕内在的（intrinsic）性質が関係の存在を含意する」という標準的な意味での内的関係よりも強い関係であり、実質的に「その〔関係〕項の本質的性質が関係の存在を含意する」と同値の意味のものとなる。[32] ロウは本質を必ずしも「性質」の一種とは見なさないので、完全に一致しているわけではないが、少なくとも何らかの意味での本質的依存性に真理付与関係の必然性の根拠を見出している点では共通している。

ただ、両者は、真理付与関係の関係項に関して大きく異なっている。まず第一に、アームストロングは関係項の一方としての真理付与者は「事態（states of affairs）」であると主張するのに対し、ロウは「トロープ（trope）」であると主張する。[33] 一方、もう一つの関係項である真理受容者に関しては、両者ともさしあたり「命題」を想定している点では共通している。ただ、アームストロングは自然主義者であるので、「いかなる自然主義者も命題の領域を甘受できない」という理由により、抽象的対象としての命題の存在に「形而上学的真剣さ」をもってコミットすることを拒絶し、次のように説明している[34]：

> 存在するのは、意図において同値であるトークンのクラスである。したがって、**基礎的**（*fundamental*）対応は、真理と呼ばれるものどもとそれらの真理付与者との間ではなく、一方のトークンとしての信念・思考と他方の真理付与者との間のものである。

つまりアームストロングは、命題やその内容についての語りは、トークンとしての信念・思考をタイプ化する一つの方法にすぎないと考えており、一次的真理受容者としては、トークンとしての命題を想定しているのである。

これに対しロウが想定しているのは、暫定的ながら、抽象的対象としてのいわゆるフレーゲ的命題だと思われる。彼は真理受容者が多種類であることを認めたうえで、次のように主張する[35]：

たとえば、「一次的な意味での真理は命題の真理なのであって、文の真理は〈それが表現する命題の真理〉であり、信念の真理は〈その志向的内容を構成する命題の真理〉である」と言うこともできる。そして実際、それが私たちの最も有望な選択肢であると思われる。…

そして、本稿において重要なのは、まさにこの真理受容者に関する両者の相違である。というのも、真理付与関係における関係項への本質的依存性は、真理付与者に対してではなく、真理受容者に対する依存性だと考えるべきだからである。というのも、真理付与者は、その本質あるいは本質的性質として何らかの真理に対する関係を持つ必要がないばかりか、むしろ持っていると考えるべきではないからである。この世にいかなる真理受容者が存在しなくとも、真理付与者は存在しうるだろう。これに対し、少なくとも真理付与理論を受け入れる限り、真理受容者は、それを真としてくれるものとしての真理付与者が存在しない以上、真理受容者たり得ない。その意味で、真理受容者は真理付与者にその本質を依存せざるをせざるを得ないのである。

次の二節では、ロウもアームストロングも真理受容者に関して問題を抱えていることを指摘したうえで、真理の一次的担い手をトークン行為としての述定として捉えることによってそれらの問題を克服できる可能性があることを指摘する。

四　真理受容者に関するロウの問題点と述定による解決

命題の本質的依存性に訴えて真理付与関係の必然性を根拠付けようとするロウの問題点は、「いかなる対象についても、その対象自体が存在する状況において存在しないことが可能であるような対象に直接的に本質的依存をすることはありえない、すなわち、その本質の中にそのような対象に対する関係を含むことはありえない」ということから発生する。[36] というのも、彼の考えでは、ある真なる命題（＝p_1とする）に対する真理付与者は特定のトロープ（＝t_1とする）なのだが、命題p_1は、t_1は存在しないがそれとは別のトロープt_2が存在するような可能世界においてt_2によって真となることもあり得たはずだからである。だとすれば、命題p_1はt_1が存在しない可能世界にも存在しうることとなるので、p_1の真理がt_1に本質依存するということはありえないことになってしまうであろう。彼は、問題点を次のように説明している[37]：

もしもすべての命題は必然的存在者であるがそれらに対するいくつかの真理付与者はそうでないと考えるのだとしたら、これ〔＝命題p自体は存在する状況において存在しないかもしれない対象と関係していることが、命題pの本質の一部であること〕を許容することを求められるであろうことは明白である。しかし、すでに見たように、もしも、たとえば、命題はそれが**関与している**（*about*）すべての諸対象が存在する状況においてのみ存在すると考えるならば――もしも、たとえば、aはFであるという命題はaとFの両方が存在する状況においてのみ存在すると考えるならば――、やはりそれを許容することが求められるだろう。というのもその場合、aによって所有されるF性のある特定のモード〔＝トロープ〕mは、その命題が存在するすべての状況――その命題が**真である**すべての状況については言うまでもなく――において存在する必要はないからである。

実際、少なくとも出発点においては、すべての命題は必然的存在者であるという立場をロウも採っていると思われる。[38] というのも、彼は通常、命題を伝統的な意味で解された数や集合などと並置するからである。そしてそれが必然的存在者であるのは、命題が数や集合などと同様の抽象的対象だからである。一方、命題に対するトロープなどの真理付与者は具体的かつ偶然的な存在者なので、命題は存在するのにそれらが存在しない可能世界が発生してしまう。これによって、ある可能世界において、命題自体は存在するのにその世界においては存在しないようなものに命題が本質依存するということ、すなわち、存在しないものに本質依存しつつ存在することがありうる、という認めがたい事態が発生してしまうのである。

これは、たとえば「aはFである」という命題は、あくまでも個別者であるaと普遍者としてのF性に関与しているのであって、直接的にはトロープとしての個別的なF性に関与しているのではないのであるから、当然と言えば当然である。したがって、真理付与における本質依存性を次のように定式化すれば問題ないと思われる[39]：

eが命題「a is F」（＝「命題p」とする）の真理付与者であるとき、〈もしもeが存在し、かつeがaによって個別化される普遍者F性のトロープのうちのひとつであるならば、命題pは真である〉ということは、命題pの本質の一部である。

しかし、ロウはこの定式化を採用することはできない。というのも、まず第一に、この定式化は、「…は命題pの本質の一部である」という演算子の作用域のうちに、eの他にaという偶然的個別者を含んでしまっているので、上記の問題と同じ問題を抱え込んでしまう。さらに加えて、ロウは普遍者に関するアリストテレス的実在論者であるので、普遍者F性も、当該世界において少なくとも一つの個体によって例示されていない限り、その世界においては存在しないことになる。つまり、普遍者に関するプラトニストの場合と異なり、普遍者F性も偶然的存在者のひとつとせざるを得ないのである。結局のところ、問題の根源は、真理の担い手を必然的存在者としての抽象的対象として規定しているところにあるということである。

そこで、この問題を回避するために、ロウは上の引用における「命題はそれが**関与しているすべての諸対象が存在する状況においてのみ存在する**」という立場を実際に採用するかもしれない。しかしその場合、命題の抽象性にもかかわらずそのような状況にのみその存在を制限する形而上学的な理由を提示しなければならないだろう。しかし私が知る限り、彼がそのようなことを行った形跡はない。少なくとも、普遍者の場合のように、実体的対象への内属性をその理由とすることはできないだろう。

これに対し、ハンクスのように、一次的真理受容者をトークンとしての述定行為だと考えれば、少なくともそれは偶然的存在者である。そして、ある世界においてトークンとしての述定行為を真にするのは、まさにその世界に存在する真理付与者である。さらに、命題はそれが関与する対象が存在する世界にのみ存在するとした場合のロウの問題についても、次のような形で対応することできる。

まず第一に、もしもある可能世界においてaとF性が存在しないならば、そのような可能世界に存在する誰かが、その世界についての主張としてaにF性を述定するという行為を実際に行うということ自体がそもそも疑わしい。仮に誰かが行ったとしても、そのような世界でそのような述定を行うことは、少なくとも無益であろう。言い換えれば、たしかにaまたはF性が存在しないような可能世界はあるかもしれないが、そのような可能世界で誰かが（その世界についての主張として）aにF性を述定すると（F性が存在する現実世界における誰かが）反実仮想的に想定することは無益であろう。要するに、トークンとしての述定行為を一次的真理受容者とすることによって、説明の文脈を存在論から実用論に置き換えられるということである。

また、仮に形而上学的文脈にとどまったとしても、トークンとしての述定行為は、一次的真理受容者の「本質」という点に関して抽象的命題よりも優位にあるだろう。ソームズやハンクスがフレーゲ的な抽象的命題を拒絶した最大の理由は、フレーゲが「命題の統一性」の問題を克服できていないということであった。すなわち、命題の構成要素が寄り集まることによって、どのようにして表象という課題を果たしうるのかということの説明に失敗しているということである。そしてこの点は、いわゆる「代用命題」については言うまでもなく、ラッセル的命題や他の構造的命題全般に当てはまるのであった。それらの命題については、いかにして自らの本性からその「…について」という関与性・表象性を発生させるのかが不明なままなのである。これに対して、ソームズやハンクスは、説明の方向を逆転させ、一次的真理受容者としての私たちの〈トークンとしての〉述定行為にそうした関与性・表象性の源泉を見出した。そして特にハンクスの考えに従えば、抽象的命題とはそうした行為のタイプにすぎず、抽象的命題の真理条件は、トークンとしての述定行為から受け継がれた派生的・二次的なものなのであった。ハンクスは、少なくともこのような形で抽象的命題の「本性」を提示し、そのような本性を持つ抽象的命題における表象性・関与性の源泉を提示したのである。

ロウは、抽象的対象こそが真理の一次的担い手であるということを必ずしも断定的に主張しているわけではないが、先に紹介したように、少なくとも「それが最も有望なオプションである」と考えており[40]、たとえばトークンとしての文を真理の一次的担い手だと考えることが問題である理由を次のように説明している：

たとえば、〈抽象的対象としての〉命題あるいは信念が真であるのは、それがある〈トークンとしての〉真なる文によって表現されている場合であると想定してみよう。その場合、まず第一に、おそらく非可算的無限個の真なる命題が存在するが、可算的無限個の現実の文さえ存在しないという困難に直面する。第二に、〈自分たちは言語で表現できず、また、いかなる現実に存在する言語にも翻訳できない〉真なる信念を抱くような被造者が存在するかもしれない。

ここではトークンとしての文が想定されているが、第一の問題点については、トークンとしての述定にも当てはまる[41]。実際、例えば、R・ブラッドリーとN・スワルツは、トークンとしての行為に対してこれと類似の指摘を行っている[42]：

主張2：信ずる（述べる、主張する、など）行為が真理値の担い手である。

主張2に対する反論：第一に、真理と虚偽のクラスは、〔トークンとしての〕信念-行為のクラスの数をはるかに上回っている。第二に、この提案のもとでは、いくつかの真理や虚偽は、それに矛盾するものを持たないことになってしまうだろう。

しかし、このような反論に対しては、現実の行為のみならず、可能的な行為をも真理の担い手に含めることによって応答できる。実際、ハンクスは比喩として芸術作品のトークンとタイプの事例を用いながら、次のように述べている[43]：

…多くの物質的性質について、タイプによるその物質的性質の所有は、そのタイプのトークンの存在には依存しない。デューラーによる聖アントニウス像の版画のすべてのトークンが破壊されたとしよう。その場合も、その版画、タイプは、独特のテクスチャーを持っている。この場合は、タイプについてのその事実は反実条件的に構成されている。デューラーによる聖アントニウス像の版画は、もしもその版画のトークンが存在したならば、そのトークンは独特のテクスチャーを持ったであろう。私たちは、タイプが物質的性質を持つということを、その現実的または可能的なトークンによるその性質の所有に訴えることによって説明する。

ロウも可能的なトークン文に訴えるこのような対応を予測しているが、そのような対応を採った場合、「真理の一次的担い手についての存在論が、何らかの重要な意味において、抽象的対象として想定された命題を真理の一次

的担い手として解釈する存在論とどのようにして異なるのか理解するのが困難である」と批判している。(44)

しかし、もしもソームズやハンクスが主張するように、フレーゲやラッセルが提示したような意味での抽象的命題を表象たらしめるための統一性の問題を克服できておらず、また、ロウ自身も具体的・内実的な形で抽象的命題の本性というものを提示できていない以上、そもそも抽象的命題を第一の選択肢とすること自体に問題があるのではないだろうか。これに対して、トークン行為としての述定に対しては、私たちの行為の「本性」によって表象を可能たらしめるという正当化と説明が少なくとも彼らによってなされている。それが正しいという保証はないが、少なくともそのような積極的理由がある以上、仮にロウが主張するように両者のアプローチが結果として一致する、あるいは、大差ない、としても、ハンクスが主張するように、トークン行為としての述定を真理の一次的担い手として選択すべきであろう。そしてこの点に関して私はハンクスに与する者である。

五　真理受容者に関するアームストロングの問題点と述定による解決

先に見たように、ロウと異なり、アームストロングが真理の担い手の候補のうち第一の選択肢としたのは、タイプではなくトークンとしての信念や思考であった。そしてそれには、彼の物理主義・自然主義という積極的動機があった。その動機は、ソームズやハンクスにおいても一定程度において共有されていると言える。

しかし、M・ディヴィドは、次のように、トークンが一次的真理受容者であるとするアームストロングの主張は、真理付与関係は内的関係であるとするもう一つの主張と両立しないと主張した(45):

アームストロングの自然主義と心の哲学における彼の唯物主義を踏まえれば、この主張〔=真理付与関係は内的関係であるという主張〕は今や成立しないかもしれない、そして、私見では、当然成立しない、と私は主張する。その要点は、一言で言えば次のとおりである：内的関係として、真理付与はその関係項によって必然化されなければならない。しかし、信念トークンが本質的にその内容を持つことはないだろう。したがって、信念トークンがその真理付与者と結合することによって真理付与の関係をいかにして必然化するのかを理解することは難しい。

この主張を正当化するため、デイヴィドは、「内容」を本質的に持つと最も考えやすい（抽象的）命題と最も考えにくいトークン文とを対置したうえで、アームストロングが真理の一次的担い手だと考えるトークン信念は、どちらに近いだろうかと問いかけ、次のように答えている(46)：

唯物主義的自然主義者にとって、信念トークンは脳状態トークンであろう。どうして脳状態トークンは内容を本質的に持つはずだと言えようか？例えば、機能主義バージョンの唯物主義に従えば、他のトークン（おそらくは脳状態トークン、あるいはおそらく、当該生物の環境からのトークン）を引き起こしたり、それらによって引き起こされたりという、何らかの因果的役割を果たす脳状態トークンであろう。なぜ、トークンによって果される因果的役割がそのトークンにとって本質的であるはずだと言えるのだろうか？脳状態トークンは、現実にそれが果たした役割とは異なる役割を果たし得なかったのだろうか？自然主義者、特に唯物主義的自然主義者、特に機能主義者である唯物主義的自然主義者は、この点において信念トークンは文に近い、すなわち、それらはその内容を本質的には持っていないと考えるべきだと、私は主張する。

さて、トークンを真理の一次的担い手とする点ではアームストロングと軌を一にするハンクスであるが、彼が選んだトークンは、信念トークンではなく、述定という行為トークンであった。そして第二節で入念に示したように、そのトークンは、ソームズが考えていたような単なる「述定されたこと」という意味での非関与的な何ものかからは峻別されるべき、真正な行為のトークンであった。そして彼は、そのような行為に対して直接的に真偽概念が適用されると考えるべきだと主張し、また私自身もそのハンクスの主張を擁護したのであった。

すると問題は、まず第一に、述定というトークン行為はその「内容」を「本質的に」持つかどうか、ということである。この問いに対しては、すでに先ほどロウの「命題」と比較した際に肯定的に答えている。ハンクスが主張するように、述定という行為は、個別者たちをその性質や関係によって分類することを本質とする行為であるがゆえに、当該の個別者によって個別化される（トロープとしての）当該の性質や関係を真理付与者とするのであった。ただ、ソームズとの論争を分析したときに述べたとおり、信念トークンの場合と異なり、行為とは峻別されるような、ことさら命題的な「内容」というものにコミットしないというその特徴も銘記しておくべきであろう。

第二の問題は、トークンとしての信念をトークンとしての述定に変更した場合、アームストロングが奉じていたような唯物主義的・自然主義をどの程度まで保持できるか、ということである。少なくとも、デイヴィドが述べていたような、機能主義的唯物主義は保持できないだろう。しかし、唯物主義者でない限り、それを保持する必要もないはずである。より重要なのは、どこまで自然主義を保持できるか、そしてその際の自然主義はどのような性格のものなのか、ということであろう。

この点に関しても、すでにオースティンとの比較の際に、ハンクスが自然主義者であるクワインをも引用しつつ次のように述べていることを紹介した：「もちろん、異なる動物によって用いられるカテゴリーの数、種類、性格には大きな相違がある。それでも、分類する**能力**は、人間が他の動物界と共有する基礎的な生物学的機能である。」彼はその直前で次のようにも述べている[47]：

カテゴライズする能力は、基礎的、生来的、普遍的である。発達心理学者のスーザン・ゲルマンは、「すべての有機体はカテゴリーを形成する。ミルワームでさえ、カテゴリーに基づく選好を持ち、鳩やタコのような高等動物は、きわめて洗練されたカテゴリー的判断を示す」と述べている。

これらから推察されるように、ハンクスが関与しているのは、「生物学的自然主義」とでもいうべき立場である。そして少なくとも「動物」であれば、どれほど原始的な意味であれ、何らかの「行為」を遂行しつつ生きることをその本質としていると考えられる。だとすれば、たとえトークンであっても、単なる物理的出来事としてではない「行為としての」述定は、本質的にその生物学的機能を具現していると考えて良いだろう。

以上の理由により、デイヴィドが指摘した、トークンとしての真理受容者と内的関係としての真理付与関係との両立不可能性というアームストロングの問題点は、ハンクスにおいては回避できると私は考える。

六　真理の部分性と述定

前々節と前節での考察では、ハンクスの述定論によって、真理付与関係への本質主義的アプローチが抱えるいくつかの問題点が解決されるという見通しを示した。最後のこの節では、彼の述定論が真理付与理論や真理論そのものに対してもたらすと私が考える、さらなる帰結について述べる。それは、おそらくハンクス自身は想定していない、それどころか、ひょっとするとむしろハンクス自身（やオースティン）は反対するかもしれない、真理付与や真理の部分性（partiality）という帰結である。

ここでの「部分性」とは、いわゆる「真理値空隙（truthvalue gap）」を許容することによって、〈「真理値は真偽の二つしかなく、すべての真理（値）受容者はそのうちの高々一つしか持たない」という弱い意味での二値原理は保持されているが、強い意味での二値原理に含意されている「すべての真理（値）受容者は少なくとも一つの真理値を持つ」という条件は満たさない〉という意味で想定されている。

こうした部分性がもたらす真理（値）付与理論上のひとつの重要な帰結は、「真にするもの」としての「真値付与者」以外にも、「偽にするもの」としての「偽値付与者」が理論的に要請されるということである。[48] というのも、ある真理値受容者に対する真値付与者の単なる「不在」だけでは、直ちにその真理値受容者が偽であることを帰結せず、真でも偽でもないという意味で「空である（gappy）」あるいは「空値を持つ」と形容されるような場合も含まれてしまうからである。

ハンクスは、真理の担い手を述定という行為として捉えることによって、次のように、真理を一種の行為評価的性質として性格づけることとなった[49]：

述定という行為の場合、その役割〔＝物質的性質が果たす役割〕は、評価的（evaluative）性質の概念によって果たされる。私たちは、トークン行為をとりわけ合理的、深慮的、道徳的、美的次元に沿って評価する。行為は、正当化されたりされなかったり、賢かったり愚かだったり、道徳的に正しかったり誤っていたり、美しかったり醜かったりするのである。

もちろん、行為評価的だからと言って、ただちに真理が相対的・主観的なものとなるわけではない。むしろ逆に、真理付与理論においては、真理という評価を与える真理付与者が何らかの「存在者」であるということによって、その絶対性・客観性が保証されるのである。

ここで私が指摘したいのは、行為評価的性質の付与は部分的であるのがむしろ一般的だということである。ハンクスが挙げている「賢かったり愚かだったり、道徳的に正しかったり誤っていたり、美しかったり見にくかったりする」というそれぞれの行為評価的性質については、賢くもなく愚かでもない行為、道徳的に正しいとも誤っているとも言えない行為、特に美しいとも醜いとも言えない行為などがありうる、どころか、むしろこちらの方がありふれているであろう。一方、もうひとつの例としてハンクスが挙げている「正当化されたりされなかったり」については、以上のような評価の部分性はない。しかし、他の事例との並行性を期するならば、ここで、「正当化される（justified）」と対置されるべきは、「反証される（falsified）」ではないだろうか。だとすれば、述定という行為を真理の一次的担い手とする以上、真理付与は本来的に部分的であると考えるのが妥当なのではないだろうか。フレーゲ的命題を前提としてこそ、その（最も強い意味での）二値性・全体性（totality）が本来的とされるのであって、その発想を逆転した以上、その本来性も逆転されるべきではないだろうか[50]。

もちろん、フレーゲやハンクスも、空虚な指示対象に対する述定に関しては真でも偽でもないという判断を示しているので、彼らも必ずしも真偽の二値性・全体性に固執しているわけではない。しかし、彼らが認めている部分性は、あくまでも空虚な指示対象という例外的事例に対してのみである。そのような場合は、もはや命題や行為としては認められない「無意味な」命題・行為であると解釈して真偽の適用範囲から除外するという選択肢すらあるだろう。

これに対し、いま提示されているのは、「真理の一次的担い手は述定という行為であるという事実に鑑みる以上、行為評価的性質（性質と言えるとすれば）としての真偽概念は、本来的に部分的と考えられるべきだ」という、積極的な主張である。この点に対しては、真偽というメタ的な性質に関わる次元のみならず、それが主張における「述定」という部分に関わっているというところも後押しする。というのも、主張における「指示」に関わる部分に由来する真偽の部分性があくまでも空虚な名前などを用いた例外的な場合にすぎないのに対し、述定における部分性は、行為評価的性質の部分性と呼応するように、実は述定において決して例外的ではなく、むしろ本来的であると考えうる余地さえあるからである。

この点は、実はかつてソームズが著書『真理を理解する』（一九九九）において主張したところでもあった[51]。彼はフレーゲやストローソンが示したような、指示に由来する真理の部分性と区別されるべき、述定に由来する真理の部分性の範型（paradigm）を「クリプキ–サモン範型」と呼び、それに基づく「部分定義述語（partially defined predicates)」のモデルを示した。部分定義述語とは、対象に対してそれが適用されるための十分条件と適用されないための十分条件は規定されているが各々の必要十分条件までは規定されていない述語である。その結果として、部分定義述語に対してはその述語の適用・非適用のいずれにも属さないような対象が発生する。ソームズによれば、クリプキが主張したように、まさに「真である」という述語がそのような述語であるが、それに限らず文脈次第でそのような述語が導入される場合も想定しうる。

そして彼は、'smidget'という架空の述語の適用規則を約定することによってそのような場合のサンプルを示した。その述語は、意図的に適用の曖昧さを排除した述語であったが、まさに曖昧述語なども、曖昧さの解釈次第では、このような部分定義述語の一例と考えられる。そして日常語における曖昧述語の多さを考慮すれば、述語が適用されるともされないとも言えない結果、当該の述定が真であるとも偽であるともいえないような場合は稀ではないと言えるだろう。

ハンクスは、こうした主張は明示的には行っていないが、それに接近している議論の文脈がある。それは、彼が否定表現について論じている部分である。彼は、述定を肯定的述定と否定的述定に分類し、後者を「反‐述定（*anti-predication*）」と呼んだ。そのうえで、各々を「|- <Clinton, Eloquent>」「-| <Clinton, Eloquent>」と形式化した。この場合、'eloquent'という述語を、〈クリントンの雄弁さが月並みで、彼に雄弁さを肯定的にも否定的にも帰属させられない場合もある〉という意味で、部分定義述語として解釈することが可能である。

ハンクスは、他の二種類の否定も提示している。それらは、「文否定（*sentence negation*）」と「否定述語（*negative predicate*）」であり、各々を「<~ → <~ |-<Clinton, Eloquent>, NOT-TRUE>」「|-<Clinton, <NOT, Eloquent>>」と記号化した[52]。彼は、「反述定はこれら二種の否定の超タイプ（super-type）であり、両者は同じ真理条件を持つが、異なるタイプの行為であり、それゆえ異なる命題である」と主張した。そしてこれら二者の相違について、次のように説明している[53]：

オバマが 'It is not the case that Clinton is eloquent' と述べ、バイデンが 'Clinton is not eloquent' と述べたとしよう。そのような文脈においては、オバマとバイデンは同じ事を述べたと言うことはきわめて自然であろう――彼らはいずれも、クリントンが雄弁であるということを否定したのである。この事例においては、私たちはこれらの発話をともにタイプ（6）〔＝反述定〕のもとに分類している。一方、もしも私たちの関心が、より論理的あるいは意味論的に方向付けられているならば、オバマとバイデンは異なる事を述べたと主張することもできよう――結局のところ、オバマは文否定を用いたのに対し、バイデンは述語否定を用いたのである。この場合は、私たちはオバマとバイデンの各発話を異なるタイプ（3）と（5）〔＝文否定と否定述語〕にそれぞれ分類する。彼らの発話に関するこれらの分類方法のうち、どちらか一方が正しくて他方が間違っていると言うことは、的外れである。これらの発話を報告する際の関心と目的と相対的に、いずれも正しいし、完全に適切なのである。

しかし、彼が真理を述定に対する行為評価的性質だと考えるにもかかわらず、行為としてタイプの異なる述定に対して同一の真理条件が割り当てられうると考えるのは、矛盾とまでは行かないまでも、一貫性に欠けるのではないだろうか。彼にとって、発話を「論理的あるいは意味論的に方向付ける」のは、まさしく発話を行為としての述定として捉えることによって「行為論的に」方向付けることのはずだからである。また、一方で、多くの生物に共有されうるという意味での自然性を述定という行為に託しているにもかかわらず、ここで述べられているような各否定的述定間の差異は、あまりにも心理的・言語的な微妙にすぎるものではないだろうか。

私は、述定という私たちの営みの行為性を強調したうえでそれに一次的真理受容者としての資格を与えるというハンクスの主張を高く評価し、基本的にそれに賛成する。しかし一方で、述定行為をすべて「分類」行為の一種として一律化するハンクスの性格付けがあまりに一面的すぎるのではないかとも思う。実際、先に引用したクワインの「たしかに、私たちの類似性の感覚、すなわち事物を種類（kind）へと分類すること以上に思考と言語にとって基礎的なものは存在しない」という叙述にあったように、「分類」という機能が最も適切に当てはまるのは、「ドビンは馬である」「オバマは人間である」などの「類種的（sortal）述定」であり、「このビー玉は緑色だ」「オバマは雄弁だ」のような形容的述定の機能は、むしろ「特徴づけ（characterization）」にあると考えるべきであろう。そして特徴づけを行う述定には、緑色である（緑色を発揮している）というようないわゆる生起的性質を個体に帰属させる「生起的（occurrent）述定」の述定の他にも、「この氷は割れそうだ」などのように個体に傾向性を帰属させる「傾向的（dispositional）述定」もある。上記の「雄弁だ」という述定もその一種だと考えうる。

私が思うに、ハンクスが提示したような「反述定」の機能が最も如実に現れるのは、曖昧語の述定と並んで、このような傾向的述定である。たとえば、割れやすさという傾向性をあえて帰属させることを控える「この氷は割れそうだ、ということはない」という文否定による主張と、割れにくさという傾向性をあえて帰属させる「この氷は割れなさそうだ」という反述定による主張は大きく異なっていると思われる。そしてこれらの相違の識別は、たとえば北極グマのような生物がこれからその上を渡ろうとする目の前の氷の安全性を判断するような文脈では、きわめて重要な生物的機能を果たすと考えられるであろう。

結局のところ、ハンクスによる述定論は、集合論的な観点のみに基づいて述定を捉えているという点において、一方ではフレーゲ的な関数論的述定の制約に、他方ではクワイン的な外延主義の制約に、囚われているのではないかと思われる。一階述語論理に依拠しながら哲学することの弊害を揶揄する語としてB・スミスが造り出した'Fantology'という〈発想の悪しき限界〉が、ハンクスにも当てはまるのではないだろうか。[54] しかしそのことは、述定概念をより豊かにしていくことによって、ハンクスが示した方向性をよりいっそう充実させることができるという可能性をも示唆していると思う。

まとめ

述定という私たちのトークン行為を一次的真理受容者とするハンクスの述定論を応用することによって、真理受容者の存在範囲に関する説明が不分明であるというロウの問題や、真理付与関係の内的性格と自然主義の両立不可能性というアームストロングの問題を、解決することが期待される。また、ハンクスの述定概念はあくまでも外延主義的・集合論的な範囲にとどまっているという点であまりに一面的であるが、その内実をより豊かにしていくことによって、真理の部分性など、真理（値）付与や真理そのものについての新たな見方が示されてくる可能性がある。

※本稿は、「哲学会第61回研究発表大会」（二〇二一年一〇月二九日、於 東京大学）での発表に基づいている。当日、司会を担当してくださった一ノ瀬正樹氏のほか、有益な質問をしてくださった方々、および、初稿に対していくつかの的確な指摘をしてくださった査読者の方々にお礼申し上げる。なお、本研究は、JSPS科研費20K00028の助成を受けたものである。

註

（1）[Soames 2015] p.9.
（2）Ibid., pp.9-13.
（3）Ibid., p.14.
（4）Ibid., p.15.
（5）Ibid., p.16.
（6）Ibid., p.16.
（7）[Soames 2010] pp.102-103.
（8）Ibid., pp.102-103.

（9）Ibid., p.102, n3.
（10）Ibid., p.103.
（11）[Soames 2015] p.3.
（12）Ibid., p.9.
（13）Ibid., p.10.
（14）[Frege 1918] p.330.
（15）ダメットも同様の指摘を行っている ([Dummett 1981] pp.310-311)。
（16）[Soames 2010] p.82.
（17）[Hanks 2015] p.34.
（18）[Soames 2015] p.220.
（19）ハンクスも類似の主張をしている ([Hanks 2015] p.34, n6)。
（20）Ibid., p.220.
（21）[Hanks 2015] p.37. なお、引用文中の「…のは、～場合である」は、'…if and only if～' の訳語である。以下でも同様。
（22）[Soames 2015] pp.223-224.
（23）[Hanks 2015] p.35.
（24）[Austin 1950]
（25）[Strawson 1950]
（26）[Searle 1968] p.423.
（27）[Hanks 2015] p.65. なお、引用文中の '(1969a,116)' によって参照されているのは、次の論文である：Quine, W.V.O., Natural Kinds, in his *Ontological Relativity and Other Essays*, pp.114-138.
（28）[Rodriguez-Pereyra 2005] p.18.
（29）[Lowe 2009] p.209.
（30）Ibid., pp.212-213.

（31）[Armstrong 1997] p.115.

（32）[David 2005] p.144.

（33）なお、ロウ自身は、トロープを表す語として「モード (mode)」を用いている。

（34）[Armstrong 1997] p.131.

（35）[Lowe 2006] p.178.

（36）[Lowe 2009] p.213.

（37）Ibid., pp.214-215.

（38）[Lowe 2002] pp.83-4, p.349, p.384. [Lowe 2013] p.159. ロウ自身は、数の個体性を否定し、集合を真正な存在者と見なすことに対して懐疑的であった。

（39）これは、次における定式化を改変したものである：[Lowe 2009] p.214.

（40）[Lowe 2006] p.178.

（41）第二の問題点については、ハンクスやアームストロングが採用している自然主義のもとでの〈人間以外の動物にも適用できるような広い意味での「行為トークン」や「信念トークン」〉においては「言語」の問題は必ずしも直接的には関わらないので、その検討を省略する。

（42）[Bradley & Swarz 1979] p.69.

（43）[Hanks 2013] p.567.

（44）[Lowe 2006] p.178.

（45）[David 2005] p.157.

（46）Ibid., p.158.

（47）[Hanks 2015] pp.64-65. なお、この引用文中で参照されているゲルマンの主張の出典は次のとおりである：[Gelman, S. 2003] *The Essential Child*, Oxford University Press, p.11.

（48）このような事情で、真理値空隙を許容する場合には、これまでの「真理付与理論」「真理付与関係」「真理付与者」を「真理値付与理論」「真理値付与関係」「真値付与者」という用語で置き換えるとともに、「偽値付与者」という用語を追加することとする。

(49) [Hanks 2013] p.568.

(50) 最も強い意味での二値性とは、「すべての真理（値）受容者は必ず真・偽いずれかの真理値の一方だけを必ず持つ」という意味での二値性であり、ここで想定されている「全体性」もそれと同義である。

(51) [Soames 1999] (ch. 6) pp.163-200.

(52) 上向矢印「↑」は、「クリントン」から（第一階の）述定「<～|-<Clinton, Eloquent>」への「述定の標的シフト (*target-shifting*)」を表しており、波線「～」は、〈それによって帰結するタイプのトークン述定が解除文脈の中で起きている〉ことを示している。なお、ハンクスは、反述定と否定述語を区別する事例として、前者に対する 'Clinton isn't eloquent' と後者に対する 'Clinton is not eloquent' という例文を挙げているが、私自身は、両者の相違は英語の表記上の相違でしかなく、後者も反述定として一括されるべきだと考える。また、反述定は、他の二つの述定の超タイプではなく、肯定的述定と対等に並立する（第1階の）述定として解釈されるべきだと、私は主張する。そして、肯定的述定の真値付与者はその反述定の偽値付与者であり、かつ、前者の偽値付与者は後者の真値付与者である。また、この各連言肢の逆命題も成立する。

(53) [Hanks 2015] p.103.

(54) [Smith 2005]

文献

[Armstrong, D. M. 1997] *A World of States of Affairs*, Cambridge University Press.

[Austin, J. L. 1950] Truth, *Proceedings of Aristotelian Society, Supplementary Volume* 24, pp.111-129.

[Beany, M. (ed.) 1997] *The Frege Reader*, Blackwell.

[Beebee H. & Dodd, J. (eds.) 2005] *Truthmakers: The Contemporary Debate*, Oxford University Press.

[Bradley, R. & Swarz, N. 1979] *Possible Worlds: An Introduction to Logic and Its Philosophy*, Hackett.

[David, M. 2005] Armstrong on Truthmaking, in [Beebee & Dodd 2005], pp.141-159.

[Dummett, M. 1981] *Frege: Philosophy of Language*, Harvard University Press.

[Frege, G. 1918] Thought, in [Beany 1997], pp.325-346.

[Hanks, P. 2013] What are the Primary Bearers of Truth?, *Canadian Journal of Philosophy* 43, pp.558-574.

[Hanks, P. 2015] *Propositional Content*, Oxford University Press.

[Lowe, E. J. 2002] *A Survey of Metaphysics*, Oxford University Press.

[Lowe, E. J. 2006] *The Four-category Ontology: A Metaphysical Foundation for Natural Science*, Oxford University Press.

[Lowe, E. J. 2009] An Essentialist Approach to Truth-making, in [Lowe & Rami 2009], pp.201-216.

[Lowe, E. J. 2013] *Forms of Thought: A Study in Philosophical Logic*, Cambridge University Press.

[Lowe, E. J. & Rami, A. (eds.) 2009] Truth and Truth-making, McGill-Queesn's University Press.

[Reicher, M. E. & Marek, J. C. (eds.) 2005] *Experience and Analysis*, ÖBV & HPT.

[Rodriguez-Pereyra, G. 2005] Why Truthmakers, in [Beebee & Dodd 2005], pp.17-31.

[Searle, J. 1968] Austin on Locutionary and Illocutionary Acts, *The Philosophical Review* 77, 405–424.

[Soames, S. 1999] *Understanding Truth*, Oxford University Press.

[Soames, S. 2010] *What is Meaning?*, Princeton University Press.

[Soames, S. 2015] *Rethinking Language, Mind, and Meaning*, Princeton University Press.

[Smith, B. 2005] Against Fantology, in [Reicher & Marek 2005], pp.153-170.

[Strawson, P. F. 1950] Truth, *Proceedings of Aristotelian Society, Supplementary Volume* 24, pp.129-156.

哲学会公募論文募集のお知らせ

哲学会では『哲学雑誌』に、従来の「若手論文」枠とは別に、「哲学会公募論文」枠を設け、会員の皆様からの論文を募集しています。来年10月発行予定の『哲学雑誌』第138巻第811号に掲載される公募論文の応募要領は以下のとおりです。掲載論文は三編以内、審査は哲学会編集委員会（編集委員以外の依頼査読者を含む）によって厳正に行われます。

なお、広く皆様からの論文を募るため、公募論文の枚数制限を400字詰め原稿用紙換算で40枚以上100枚以内と設定いたします。会員の皆様の力作を心よりお待ちしております。

応募要領

応募資格：本会会員
論　　題：哲学一般に関わるもの（ただし応募論文は未発表のものに限る）
制限枚数：400字詰原稿用紙換算で（註・文献一覧等も含めて）40～100枚
締　　切：2024年1月末日（必着）
送 付 先：〒113-0033　東京都文京区本郷7－3－1
東京大学大学院人文社会系研究科哲学研究室内　哲学会宛
提出部数：計5部

編集後記

ここに『哲学雑誌』第一三七巻第八一〇号をお届けいたします。今号の特集「現象学の新たな展開」の執筆は、昨年度研究発表大会での同タイトルのシンポジウムにご登壇いただいた諸先生に加え、富山豊先生、平岡紘先生にお願いいたしました。フッサール、ハイデガー、レヴィナス、メルロ＝ポンティといった現象学を代表する先哲らを参照し解釈しつつ共に考える中で展開された諸論考は、どれも現象学が現在進行形で展開中の「現代哲学」であることを確かな形で示すものとなっているかと存じます。皆様のご協力に心より御礼申し上げます。

また、今年度の研究発表大会では、四年ぶりに完全対面での開催となると同時に、懇親会も実施する運びとなりました。私たちはいまだ二〇二〇年初頭に始まったコロナ禍のうちにあり、十分な感染対策を怠るようなことはあってはなりませんが、しかし昨年度の部分的な対面開催を経て、一昨年度の編集後記でも祈念されていた以前のような形での開催に一歩一歩近づいていることについては、感慨の念に堪えません。

（S・A／J・K）

（付記）本号所収の研究論文は、哲学会理事に委託された審査員の審査を経たものである。

◆学会通知

一　本年度のカント・アーベントが左記の通り行われました。

日　時　二〇二三年四月二十二日（土）
午後一時～午後五時

場　所　東京大学本郷キャンパス法文二号館　教員談話室

研究発表

メルロ＝ポンティにおける差異の問題　東京大学　柳瀬　大輝

フリードリヒ・ユストゥス・リーデル『美術と文芸の理論』における「無関心な適意」をめぐって　東京大学　乙幡　亮

達成（achievement）の本性とその価値
——エンハンスメント再訪　東北大学　石田　柊

講　演

実在論は何を意味しうるのか　立正大学　野矢　茂樹

二　来る十月二十八日（土）・二十九日（日）の両日、東京大学本郷キャンパス法文二号館一番・二番大教室に於いて第六十二回研究発表大会を開催いたします。

哲学会第六十二回研究発表大会プログラム

第一日（十月二十八日）

◇研究発表　（午後一時～三時一五分）

1　「エンドクサ」の訳語を再考する
――「真実らしい見解」の擁護――
山梨大学　相澤　康隆

2　九鬼周造のエステティクス
東京大学　星野　太

3　スタンリー・カベルと生き方としての哲学
京都大学　齋藤　直子

◇ワークショップ　（午後三時三十分～五時三十分）

「パンデミックと哲学――生と医療、そして死――」
立教大学　渡名喜庸哲
東京大学　中澤　栄輔
コーディネーター　東京大学　乘立　雄輝

「意味理解から反実在論へ vs実在論から意味理解へ」
千葉工業大学　富山　豊
東京大学　葛谷　潤
コーディネーター　東京都立大学　岡本　賢吾

第二日（十月二十九日）

◇研究発表　（午前十時～十二時）

1　前期ハイデガーにおける何の問いから誰の問いへ
東京大学　中西　淳貴

2　アリストテレスにおける存在論の統一性の問題
東京大学　杉本　英太

3　多重実現概念に向けられた疑念とその評価
東京大学　山﨑かれん

◇総会　（午後一時～一時二十分）

◇シンポジウム　（午後一時三十分～五時）

「「世界哲学」という視点」
提題者　東京大学　頼住　光子
東京大学　原　和之
お茶の水女子大学　中野　裕考
東洋大学　河本　英夫
司会　東京大学　納富　信留

執筆者紹介（執筆順）

吉《よし》田《だ》　聡《あきら》　千葉工業大学教授

池《いけ》田《だ》　喬《たかし》　明治大学教授

中《なか》　真《ま》生《お》　神戸大学教授

榊《さかき》原《ばら》　哲《てつ》也《や》　東京女子大学教授・東京大学名誉教授

富《とみ》山《やま》　豊《ゆたか》　千葉工業大学准教授

平《ひら》岡《おか》　紘《ひろし》　流通経済大学准教授

鈴《すず》木《き》　泉《いずみ》　東京大学教授

藤《ふじ》川《かわ》　直《なお》也《や》　東京大学准教授

加《か》地《ち》　大《だい》介《すけ》　埼玉大学教授

現象学の新たな展開

New Developments in Phenomenology

哲学雑誌　第137巻　第810号

2023年10月26日　初版第1刷発行

東京都文京区本郷7の3の1
〔東京大学大学院人文社会系研究科哲学研究室内〕
郵便振替番号　00120-7-2105

編集者　哲　学　会
相《あい》　松《まつ》　慎《しん》　也《や》
葛《くず》　谷《や》　潤《じゅん》

発行所　哲　学　会

発売所　株式会社　有　斐　閣
郵便番号 101-0051
東京都千代田区神田神保町2-17
電話 (03) 3265-6811〔営業〕
http://www.yuhikaku.co.jp/

印刷・製本／株式会社文成印刷

ISBN978-4-641-49006-2